新生家庭与大美人生

陈 公 ◇ 著

全国百佳图书出版单位

时代出版传媒股份有限公司

安徽人民出版社

རྡོ་རྗེ་སློང་དཔོན་ཞི་བདེ་ནི།

སེམས་ཁམས་ཀྱིས་བསྒྱུར་བཙོས་ཡིན།

ཁྱིམ་གཞིས་འཆམ་མཐུན་ཕྱི་ཉ་བ།

པན་ཚུན་ཕྱིས་འབསམ་ཞིག་ལ་ཐུག།

[signature]

拉萨楚布寺金刚上师拉巴仁波切为《新生家庭与大美人生》加持
赠言："世界和平是每人心中的期望，家庭幸福是靠自己的心！"

序

"原生家庭"与"新生家庭"一脉相承,在阴阳组合化合的过程中,生命得到自然传承,家庭社会充满活力,人生的奇迹如莲花般处处盛开。

"在《原生家庭与幸福人生》一书中,通过对梳理与还原、标签与记忆、角色与关系、安全与连接、映射与抽离这五大层面的分析,系统全面地将我们的人格心理发展地图清晰完整地呈现出来,既让我们找到问题困扰之源,又能够不推过于人,勇于担当和革新,实现充分的自我成长。"(——摘自安徽人民出版社《原生家庭与幸福人生》)

"新生家庭"是"原生家庭"的延续和延伸,婚姻关系看起来是两个人的性别互补,角色组合,而实际上,婚姻其中的社会功能、经济功能、发展功能等都暗受着许多不易觉察的文化基因观念的影响。

在《新生家庭与大美人生》一书中,通过一个个婚姻家庭的案例分析,一个个生活故事的思考感悟,帮助我们时刻保持对境觉察,找到"原生家庭"的模板在"新生家庭"各个关系模式上的延续和连接,重新组合和改良人格模式及其化合通道,将"原生家庭"的心理病毒在我们这里加以识别、修正,从而有效地阻止、清除不良模板模式的延续，共同创新优化"新生家庭"关系模式，开启"新生家庭"心美自在的新篇章！

哲学是一个国家，一个民族，一个种群集体文化思想思考的产物，指引着人类前进的方向。

文以载道，以文化教。文化，作为我们集体潜意识的一个产物，已经浸透到我们的基因骨髓里去了。从"原生家庭"到"新生家庭"，我们真正要发自内心将自己认识清楚的话，不去了解文化对我们的植入、浸染、侵蚀，是不可能做到脱胎换骨的，也不可能会发生灵魂深处的暴动和革命。

文化的重要性是我们一直以来忽略的，我们误以为知识就是文化，文化就是思想。当然，思想也能产生文化，思想是文化的重要源头之一，而知识只是记录文化的经验。我们如果不从意识里观察清理，到潜意识感受对应，我们不可能做到把我们自己从很多的文化桎梏里解放出来。什么时候，当我们自我完善了"独立之人格，自由之思想，科学之精神"，我们才能更完整、更清晰地认识和理解这个世界。

阳明先生所主张的"美即吾心"，"知行合一"，用现代哲学的语言来说就是"形式和内容要统一"，我认为是"事上磨炼，红尘炼心"。

厚德载物，是说宇宙的好生之德，宇宙的大美之心。德和个人有关系的是"明德"。明德就是你在地上种下一粒好的种子，然后，浇水，施肥，拔草，耕耘，等着它开花，因缘果相应。

我们耕耘，收获，这一过程符合了宇宙之美，了解了宇宙，了解了自然，这是"明德"。"明明德"，就是知道怎么样与自然道法对应，与自心大美对应，能够做到这样的人，也称之为大德。

心灵之美与自然之美相互契合，就是"德"。"德"是宇宙大美,因此说,人生大美,大美人生。

　　顶礼感恩九华山佛学院院长、甘露寺住持藏学法师的加持鼓励;顶礼感恩拉萨楚布寺金刚上师拉巴仁波切为本书加持赠言;喜乐赞叹全息心学助教艺馨(慧心)的全力支持,全息心学弟子张贵凤(慧凤)的智慧参与。同步感谢全息心学其他弟子以及参加《新生家庭与大美人生》网络课程的多期学员,他们的作业与案例极大地丰富和呈现出"人格模式心理学"理论在清理与还原原生家庭模板,创新与发展新生家庭中的模式方面表现出了独特的优势,尽显实用、好用。同时,还要感谢安徽人民出版社的所有编审人员,是他们的智慧参与与热诚推动,使得《新生家庭与大美人生》一书能够更好地服务大众,利益众生。

陈　公

2015 年 11 月于合肥全息心学精舍

目　　录

第二部分　文化基因篇

第三部分　大美人生篇

第一部分
新生家庭篇

原生家庭与新生家庭一脉相承,在阴阳化合的过程中,生命得到自然传承,家庭社会充满活力,人生的奇迹如莲花般处处盛开。

　　在《原生家庭与幸福人生》一书中,通过对梳理与还原、标签与记忆、角色与关系、安全与连接、映射与抽离这五大层面的分析,系统全面地将我们的人格心理发展地图清晰完整地呈现出来,既让我们找到问题困扰之源,又能够不推过于人,勇于担当和革新,实现充分的自我成长。

　　在《新生家庭与大美人生》一书中,通过一个个婚姻家庭的案例分析,一个个生活故事的思考感悟,帮助我们时刻保持对境觉察,找到"原生家庭"的模板在"新生家庭"各个关系模式上的延续和连接,重新组合和改良人格模式及其化合通道,将"原生家庭"的心理病毒在我们这里加以识别、修正,从而有效地阻止、清除不良模板模式的延续,共同创新优化"新生家庭"关系模式,开启"新生家庭"心美自在的新篇章!

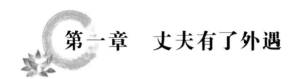

第一章　丈夫有了外遇

第一节　人生 AB 剧

欧阳女士的丈夫在教堂结识了另一个女人,为什么那个让她认为是最好的男人也会堕落?

欧阳女士:如果你在昨天告诉我,那个毫不吝啬的完美人士也就是我的丈夫罗先生有了外遇,我会当着你的面哈哈大笑的。我们结婚八年了,这场婚姻对于我们俩都是第二次。在这八年里,我发誓我们从未遇到任何问题。嫁给罗先生是我经历过的最幸福的事。我在一个小镇长大,小学六年级时,父亲死于一场车祸,从此妈妈就担负起生活的艰辛。我们虽然不富有,但日子还算过得去。我的家充满爱意和温暖,而且我们都有信仰,非常虔诚。我比我的弟弟妹妹大差不多 8 岁,因此很多时候,我在扮演和替代母亲的角色。我很乖而且非常负责,是那种即使到了周末也要洗完碗筷才会去玩的女孩。

高中毕业以后,我上了大学,20 岁的时候我嫁给了高中时的恋人吴先生。他曾是我们班上最帅的男生,而且很有才华。现在他是个律师。我们在一起的 13 年里,他曾对我和我们的儿子在身心上都进行过虐待,虽一年只有六七回,但足以让我们的生活被黑暗笼罩。

我曾先后三次提出离婚,即使我知道和他继续在一起会对我们的孩子不利,但却总是离不开他。我是在传统的"嫁鸡随鸡,嫁狗随狗"的观念中长大的,我总觉得是我做了什么事,让他变成了那样子。

时间一年年流逝,我意识到我的这场婚姻实际上一直是自欺欺人。最终,我依法申请离婚成功了。那天,我非常难过,我需要和什么人聊聊,就给罗先生打了电话,告诉他这些事情。罗先生和我早就认识,是多年的好朋友。我知道他的第一任妻子和他生活了七年后,两人友好分手了。他特别吃惊,因为他从来不知道我的婚姻如此不幸。

我们从那时开始经常见面,关系很快走近了。我的孩子很喜欢他,在被他的父亲吓了那么多年后,罗先生的出现是一个奇迹。我们后来举行了盛大的婚礼——在情人节举行的——那真是一场美丽的婚礼。就是在那个时候,罗先生开始认真考虑他的音乐事业,他希望能开一个个人演唱会。婚礼几周后,我们双双辞职并搬到离他的音乐老师家更近的地方。我们找了一处带三个卧室的房子,而且不到一周,我们都找到了新工作。罗先生白天卖保险,晚上唱歌;我则在会计师事务所工作。一切都很好。虽然罗先生工作上有一些问题,他辞掉了卖保险的工作,因为不喜欢,然后他找了另一份销售的工作,可还是不行。他继续换工作。我记不清又换了一次还是两次。他说在每个地方都没有什么长进。又过了一段时间,他认为我们家的财政上会出现问题,于是,放弃了当初想成为职业歌手的想法。我实际上比罗先生挣得多,尽管我很想多花点时间和孩子们在一起。我还开始上夜校,每周几个晚上,虽很难,但我还是得了满分,一切都很好。婚后的八年中,我和罗先生的争吵屈指可数,甚至都不能把那些叫作争吵,仅仅是对一些小事意见不同而已,比如,可能是我对罗先生花太多时间去钓鱼,或者在他楼下的工作间清理那些钓竿等一些鸡毛蒜皮的小事不满。

自从罗先生开始每周日上午去外面唱歌,我们就无法外出度周末了,而那恰恰是我所喜欢的。虽然在工作了一周后还要打扫房间,我已经精疲力竭了,我也没有不让他去唱歌,因为他那么有天赋,工作那么辛苦,也需要休息。我只是希望能一起出去吃个晚餐或者看看电影就很好了。但我从未向罗先生提出要他帮我。或者,可能偶尔提起过,比如我可能用开玩笑的口气说,"亲爱的,最近有什么烦心事吗?"他就会说,"没有,没什么不对劲的。"我丈夫很诚实,他不会说谎。所以如果他说一切都好,我就根本不会产生怀疑他的念头。

但是在我心里,我认为有些事情是我做得不对。我开始读所有相关书籍并问我自己我该怎样改善。将房间打扫得更整洁?多下厨房?然后,就在上周,我在邮箱翻捡邮件,出于莫名的原因,我同时看了一下家中电信捆绑的手机通话单。我不知道是什么驱使我打开那张单子的。我注意到上面有好多电话是打给郊区县的同一个电话号码的,可我知道那儿并没有罗先生的任何客户。我盯着账单看,看了许久,想到很多电话都是罗先生离开家出差时打的。难道他真的有外遇了?我猜测着。我一路点开前面几个月的通话账单。很明显,每张账单都有好几个电话是给同一个号码拨出的,并且已经持续一年了,我请一万号里的闺蜜帮忙查这个号码,她给了我一个女人的名字和地址,我认出她是与先生一起做过礼拜的成员之一。天啊,我想,这事已

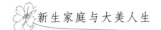

经在我眼前,发生了这么久,而我居然还不知道!

我立刻开车去教堂。因为我知道罗先生那晚也将去唱诗班领唱。到了停车场,我一直坐在车里等,直到我看见他。从罗先生看到我的表情,我就可以看出他知道我已经发现一切了。我问他是不是真的有了婚外情,他回答是的。我问,"你爱她吗?"他说"是。"我问,"你打算娶她吗?"他回答"我不知道。"

我简直不想活了。那个晚上发生的事情好多现在都已经记不得了,我只记得自己把家里所有的药片都塞进嘴里。当然,也只有一些保健品和减肥药片。我做错什么了吗?我知道这很难理解,我是那么爱这个男人;我不能让这种关系继续下去。我怎样才能帮助到他呢?

婚姻 A 面:

欧阳女士说,最好的男人也会堕落,她不接纳丈夫的外遇,实际上是不接纳自己的完美遭到了破坏。因为她一直在寻求完美。在她小学六年级的时候,父亲就因为一场车祸去世,她生活在一个单亲家庭,所有的生活重担都是她妈妈在承担,她是不是在彷同妈妈呢?有时候是在扮演母亲,但在她成长过程,她的人格有一部分裂变成了父亲。

这个婚姻到底是个什么样的状态?相信每个人都在心里有自己的观点,比如貌合神离;比如妻子给丈夫充当了母亲的角色;比如她没有走进男人的内心,她根本不了解男人也不了解人性;比如沟通太少;比如女的生活在理想国里;比如她眼里的男人都是最优秀的,受不了男人的瑕疵,她的很多想法都自以为是,生活平淡,想找新鲜感;比如她活在自己的美好世界里,也许生活本就没那么好;比如女人自己感觉很幸福,她却不知道老公幸福与否等。

这样的思考能不能还原事情的本来呢?

其实每个人的想法都带着一个视角,视角不同,结论完全不一样。我们说拿别人的生活对镜,这个视角里面也带着我们看问题的模式,生活脱胎换骨就在于我们思维视角的立体和高度。

我们来听听这个男人的说法。

41 岁的罗先生无力地瘫坐在椅子上说:我爱我的妻子,我也知道我需要帮助。我怎么把生活搞得一团糟?我怎能让我深爱的这个女人遭受如此痛苦?她应该去找个更好的男人。欧阳女士很特别,看起来她做任何事都那么游刃有余。她是个非常棒的母亲,工作也很出色;她在学校各科都优秀,而我只是一个差生;她有数不清的朋友,而我连和人打交道都做不好。

我一直不合群。我在山东省出生,8 岁时全家搬到安徽省。我的母亲是一个家庭主妇,非常虔诚,讲话轻声慢语,对我父亲唯命是从。父亲是个卡车司机,不常在家,可他一回家,就统治着整个家庭,仿佛他是国王,其他人都是他的仆人似的。他会喝好多酒,还与别的女人追逐打闹,但母亲就是不会离开他。

母亲对我的两个妹妹要求很严格,但我做的任何事在她看来都是对的。我成了她整个世界的中心。她娇惯着我,像只老鹰那样照顾着我。我喜欢在户外活动,于是童年相当多的时间是我自己在树林里游荡。音乐是我的另一个喜好。我参加唱诗班,还参加所有的学生戏剧表演。我高中时的声乐老师曾试着说服我以音乐为毕生事业。他说我的声音是非常棒的男高音,并且有和别人一样平等的机会。然而我却不想那么辛苦,并且我也不大相信我有那个能力。

虽然我和大学同学相恋结婚了,但我只是读了一年就因为考试不及格退学了,这是失败之一。然后我去服军役。当时正是中越战争的尾期,我参加了,可我的血压忽然超高,于是在经历了三十天的高血压之后我就被送回了,失败之二。那之后不久,我离婚了,失败之三。

我不知道我的人生该朝哪儿走,但既然所有人都说我应该可以成为一个很棒的推销员,我想可以试试。我找了个卖人寿保险的工作,三个月后,我差点崩溃,失败之四。我从一家公司的销售工作跳到另外一家,不断被炒鱿鱼,因为我总是无法完成报告。最后,我找了一份和建筑有关的工作做最后一搏。但当我快到三十岁时,我想,既然你那么喜欢音乐,那就看看是否能靠它谋生呢? 我开始去一所音乐学校上课,并得到了一份在图书馆的工作,也就在那时,我认识了欧阳女士。在她离婚后,我们开始见面,我感觉那是我最开心的事。三个月后,我请求她嫁给我。一切都很好,很正常。我相信,直到这件事之前,我对欧阳女士都很忠诚。我爱她的孩子就像爱自己的一样。但我仍然继续失败,我再次退学,找了另一份推销工作,并开始在一家酒吧唱歌和教堂唱诗班演唱。当我回头看了看我这四十年的过往,我猜正是生活中一次次的失败将我打倒了。

后来有一天,当我在教堂唱诗,我注意到人群中有个曼妙的女人盯着我看,我感到飘飘然。之后,我走上前开始和她搭话。原来我们都属于这个教堂内同一个筹款委员会,再没有其他人注册,因此只有我们两个。一个下午,我们在她家见面,我还没意识到就已经和她在床上了。我感觉很糟糕,但是好像有瘾一样,我又一次次地去找她。我开始提醒自己这么做对我的婚姻是不利的,欧阳女士是怎样一次次希望我可以帮助她打理我们的家,我们的性生活又是多么和谐。可是,与这个女人呢,简直不可思议。我大约每周见她两次,有时在旅馆,有时在她家,在她的孩子们放学回来之前。她也是个会计,只在上午工作,而她丈夫是个工作狂,很少回家。我可以说,虽然现在的这个女人和欧阳女士没法比,我却可以和这个女人聊在欧阳女士面前不会聊的话题。我可以告诉她我工作中的问题,告诉她我是如何将生活弄得一团糟的,这些怎么可能和欧阳女士讲呢?我娶了一个女超人。上帝啊,她甚至比我赚得多。但是看到欧阳女士甚至想自杀……我好困惑。我真的为这两个女人左右为难。

婚姻 B 面:

两个人的说法、观点都亮出来了,我们现在把问题找出来,找找平衡点在哪里。

有人说,妻子总在投射,既不表达自己的需求也不了解丈夫的真实内心;有人会说,这个男人没有担当;再有,小时候父亲的离去让她扮演了父亲的角色,其后在婚姻中又做了丈夫母亲的角色,她的强,强化了老公的弱,这种角色错位不能使其产生安全连接,只有向外寻求,外遇的女人满足了他在外界与老婆那里得不到的自尊的缺失;还有不被欣赏,不接纳自己,骨子里的自卑,没有自我;再有,遇到的前一个妻子是超我,后一个妻子是本我,罗先生的自我认识定位不足,所以在生活中总是左右摇摆,主要的问题在于罗先生;另外,罗先生本我太强,超我太弱,自我失去;还有人说,他在妻子面前很不自信,因为他觉得自己一直都不够好,而妻子的能干给了他很大压力,男人在小三那里找到了接纳和认可,找到了自信等。

从这些说法和设想里就可以全息到我们看问题的角度和分析模式。

个案分析:

我们总认为我们成长过程中所有遇见的事,找到的人,都是我们自己最想要的,一旦这个人不符合我们自己的想象,我们就有可能会采取极端的方式,这就是为什么有许多人在婚姻当中歇斯底里发作,发泄的原因所在。比如"凡是出现了问题,那一定是我不够好",这是不是就是欧阳女士原生家庭的模板模式的延续?

欧阳女士有孤独型人格,从她和她的第一任丈夫的关系中可以看出。欧阳女士弱化自己,强化吴先生,说明她是不认同自己的角色身份,而且把自己放在弱势的地位,强化对吴先生的依附。实际上欧阳女士是以弱势化的儿童自我与吴先生联结的,吴先生符合她自己塑造的父亲的形象,来填补她父亲缺失,潜意识中把吴先生当作自己想象中的父亲,觉得父亲打女儿是很正常的事情,反而可以在被虐的过程中找到一份不真实的安全感。但是她的内心缺失的父爱在吴先生这儿是得不到真正满足的,于是就开始异化自己,把那份对父爱的需求压抑到潜意识,把自己塑造成父亲的角色形象,同时又强化自己塑造的这个父亲形象,自己做起自己的父亲来,然后又把这个父亲形象投射到吴先生身上,吴先生自然不符合也不会理解配合,因此,她经常又想离开他。但是她又必须依附他,她不能再次体验父亲离去的痛,因此,在没有找到替代这个形象的人之前,她就离开不了,即使吴先生触犯她的底线,即使经常打,都还会在一块儿,这段婚姻都不会结束。

这样一来,她的孤独型人格中的需求不能满足,就在忧郁型人格当中释放那份被压抑的能量。这个忧郁型人格在欧阳女士的原始家庭中的模板,也是有基础的,她不断地异化自己,强化塑造自己,把自己塑造成弟妹的母亲,从角色倒置中增强自己的安全感。并且从她的认知模块看,她否定、怀疑自己的角色身份,但又把不认同的自己的角色放大后呈现出来,高度地认同他人。当罗先生出现在她的生活中时,他对她的孩子好,这正是欧阳女士小时候缺失的那份父亲对自己的场景的再现,她缺失的父爱在这一刻得到了满足,也就找到了替代的依附对象。而现实中的她呢,又分裂出自己母亲的角色形象,来与罗先生(实际上是自己父亲的形象)进行对接,重现自己原生家庭中父母亲的模板,体现了她的弱化性习气,弱化自己真实需要,异化罗先生,那份不能满足的需求通过弱化性异化来寻求满足,又表现出分裂型人格。

这时父爱的缺失,安全感的需求仍然得不到满足,又开始异化性异化,回避自己的真实需求,开始做罗先生的母亲,就像小时候做弟妹的母亲一样,从中寻找价值感和存在感。她又在回避型人格中释放孤独型人格被压抑的能量。但这毕竟只是找到假自体的价值感,真实的自己的需求还是没有得到满足,而她实际上是认同这个母亲的角色的,认同这份价值感的,于是就不断地用这份虚假的价值感来同化自己,追求做得更加完美,而不顾、也看不到罗先生的真正需求,异化罗先生,情感上发生同化性错位,用虚假的价值感替代真正的需求,角色倒置,孤独型人格压抑的能量在强迫竞争型人格中得到了释放。作为丈夫的罗先生,和一个虽有妻子身份而实际上是在做自己的母亲的女人生活在一起,有外遇也是情理之中的事情。

欧阳女士的主体人格是孤独型人格,辅助型人格有忧郁型人格、分裂型人格、回避型人格、强迫竞争型人格。

而罗先生主体人格是自恋型人格。"但我做的任何事在她看来都是对的。我成了她整个世界的中心。她娇惯着我,像只老鹰那样照顾着我。"这段话说明了罗先生有自恋型人格的成长环境。罗先生也有自恋型人格的特点:自我欣赏,沉醉其中,稍不如意就会体会到自我无价值感,不能理解别人的细微感情,人际关系经常出现问题。"在她离婚后,我们开始见面,我感觉那是我最开心的事"(这时欧阳女士对他的依附,让他的价值感得到体现)。因此,三个月后,他就请求她嫁给他,一切都很好,很正常。他爱她的孩子就像爱自己的一样(自恋型人格的人为了体现他的价值感)。这时自恋型人格的罗先生体现了价值感,需求得到满足,欧阳女士弥补父爱缺失的需求在孩子身上得到了满足,两个人都觉得很好。

而自恋型人格的人,需要他人关注,需要他人赞美,在这样的需求得到满足中来夸大他的自我价值感。而这个需求在欧阳女士那儿是不可能得到满足的。而且,罗先生原生家庭的模板是父亲强势,母亲依附于父亲,向强者仿同,潜意识中他需要找一个像她母亲一样的女人,在家庭中自己像父亲一样有权威,而在自己的家庭中,他的需求是没有得到满足的,就会有无价值感,把生活搞得一团糟也不足为奇。

当欧阳女士依附他、面对孩子的时候他完全体会到了自我价值感,因此,他觉得需要这个家,于是他就弱化自己,强化妻子。实际上他是不认同自己的丈夫角色,但他又要强化自己对妻子、对这个家的依附(因为可以体现他的自我价值感),回避他的真实需求,启动了他的孤独型人格。

当他发现另外一个女人的关注时,让他瞬间体验到了自我价值感无限被放大,在欧阳女士那儿不可能体验到的这种满足感,让他无法自拔,像上了瘾一样。而欧阳女士的女强人的形象及赚钱比他多的事实,时刻让他体会到无价值感。但是罗先生又依附于欧阳女士和这个家,所以他又会有纠结、困惑。

因此,婚姻的问题大多首先出现在彼此的模式之间的冲突之上。

体合之身互相依存。体合之身表现在包容,欣赏,支持,是互生模式。而貌合神离是互相害命的,是互害模式。互害模式里面有什么内容呢?抱怨,指责。有一个下岗工人,在他下岗后,女人时刻抱怨,连吃饭的时候都在指责。有一天,男人默默地吃饭,吃完饭以后,推开窗户跳下去了。如果这个女人用互生模式呢?"大不了,从头再来",支持,鼓励,会怎样?因果循环,你给出什么样的信息能量,回到你这里来的就是什么样的信息能量,就会影响到你的物质。

怨妇,就是成天的怨事情怨人情怨命运,唯独不会怨她自己。她把自己活成了贞节牌坊,所有人都是错的,唯独她不会错,而不去重塑自我与适应他人。

现在很多男人外遇的根本原因就在于,他们在原配那里找不到自尊感和舒适感,无法抹平他心理上的落差,遇到一根稻草他们都会抓,所以婚姻需要维护啊!许多人,物质很丰富,家里面金碧辉煌,她却不知道自己为什么活着,需要什么。整天抱怨,对生命失去关怀,对生活失去感觉,把自己放在阴影里却咒骂外面的阳光不给她温暖,前五百年的烂事她还在纠缠不清。

世间最让人感动的是情,最摧毁人的也是情。经常说一句话,"问世间情为物,直叫人生死相许",很多女人并不了解男人,男人最希望女人给他们带来的,是舒适,安全,温暖。因为男人的世界里充满了斗争,男人希望在女人的怀抱里寻找到安宁和平静,让他们感到惬意。一个怨妇的眼神,一个怨妇的口水,足以让一个男人失去斗志,而且她对男人这种瞧不起的态度会让男人一辈子痛不欲生,那女人为什么要选择这个男人呢,实际上是对自己的不接纳。因为这个男人,表现了女人自己的某一个痛点,和自己不愿意接纳的某些特性。好女人是一所学校,她既可以摧毁一个男人,也可以成就一个男人。而能够彻底伤害一个女人的,一定是男人。

托尔斯泰说:幸福的家庭都是一样的,不幸的家庭各有各的不幸。为什么不可以去放大自己的幸福,而天天要放大不幸福呢?世间的女人原本就是精灵,很多世俗的成见和枷锁让女人变成了妖精和怨妇。做一个兰质蕙心的女人,相信是所有女性的共识,那我们就从这一刻开始!不要把自己变成男人的附属,戒除抱怨,让自己变成一个如花般真正妖娆怒放的女人,永远不要做怨妇!

婚姻的幸福,也与需求被满足是否得到延续紧密关联。但在满足以后,有没有把它放大变成一种习惯?满足不见得永远都在进行时,所以要时刻对应调整。今天老公给你带一个糖很好吃,明天老公给你带朵花也很香啊。为什么要去想,今天怎么不带一颗糖来而带束花呢?这花有什么好看的呢?这是他人的问题,还是自己的问题?当然是自己模式固化,没有做好调适。

许多的观点都是我们对他人的评判。而任何对他人的评判都是我们内心当中思维的折射,离当事人的本来面目则越来越远。

当你在塑造自己不成功时,就感觉是你对自己的塑造不成功,这个时候的极端反应是什么呢?跟自己较真,即为一个"争"的局面。只是想给自己找一个对手,这说明了什么呢?认知层面不高,谈什么大气和气,谈什么包容共生,人生的格局不够啊。

格局大,看得透,看得穿,屑于争吗?不强大不自信才会较真。如果一个人什么事情都想逞能——他想让别人承认他,认可他,那么他就是拿自己的短处比他人的长处,以鸡蛋碰石头。

认识自己是困难的,认识了自己,改变了自己,世界也会完全不同。正确地认识评价自己,发挥自己的长处也很难,但是,我们需要知难而上,苏格拉底说,"人啊,认识你自己"。只要在路上,就有改变和创造的机会。

第二节　故事与思考

故事一。

一个人的老婆在家里坐月子,他想给老婆买条鱼来煮鱼汤。但是钱又不多,他去菜场买鱼,挑肥拣瘦,不是嫌大,就是嫌小,鱼就是与他口袋里的钱不相符。他是想买大的鱼,但是钱又不够,这是他的"体",于是他挑剔来挑剔去,想找毛病然后买下鱼,但是卖鱼的不知道他是这样的"体",以为他挑毛病,就很不高兴,说你愿买就买,不买去别人家挑。最后大家都不卖给他。

结果他不仅没有买到鱼,反倒成了一个菜市场的怪物,大家都不愿意卖给他。他就蹲在菜场外边显得很无助,我问他怎么了,他说想买鱼,但是钱不足,我说钱不足有钱不足的买法,他说不可能。我就让他把钱给我,帮他去买。

我首先看准一个卖鱼的摊子,老板在喂小孩吃饭,我就夸小孩可爱,并且问孩子的妈妈呢,还说做女人真不容易,我的老婆在坐月子,自己又挣不了几个钱,想买鱼给她,钱还不够,老板听了触到他的痛点,因为孩子妈妈不在了,有了同理心,就说这鱼你随便挑,钱有多少都可以的。于是我买到了鱼。

为什么他没买到鱼,因为他没有让别人看到他的"体",而是去挑剔别人,抱怨别人,伤害别人,只要把你自己的心打开给别人看到,别人看得到。

人是完全可以沟通得好的,完全可以用小支点撬动大地球。婚姻是天道,是阴阳相交的规律,需要各归本位。各归本位,阳就是阳,阴就是阴,阳可以养阴,恋爱中的女人最美丽。阴可以补阳,养生就是阴阳平衡,和合才是正道,阳养阴,阴生阳,就是养生。

现在许多人的婚姻状态,基本是同床异梦,貌合神离的状态,甚至是离心离德的状态。许多年轻人都尝试过闪婚闪离。

我们向往的婚姻怎么成了许多人的噩梦呢?

我们一直想进入婚姻,找到一个水晶公主,找到一个梦中情人,一个白马王子,为什么找到了以后,由恋爱时的三天,三个小时,三分钟,不见就不行,到最后成了三分钟不吵,三天不吵,三个月不打就奇怪的这样的一个反复? 婚姻说到底是两个模式的碰撞和磨合,所有婚姻的失败,都是人格模式在婚姻当中的失调引起的。因为我们要去塑造,改变,影响,控制他人,不让他人做自己。为什么不让他人做自己呢? 因为我们觉得不安全。

怎样才觉得安全?

我们要在现实婚姻当中规避我们所有的痛点和记忆,因为害怕别人唤醒和触动我们的记忆。如,原生家庭的原生事件和原生记忆,因为我们把它合理化了,哪怕是自欺欺人,突然被丈夫的某一句话,突然被妻子的某一个举动所触动,所激怒,这时候是对方不对还是我们自己没有接纳自己? 结果的猛吵是很伤感情的,为什么? 因为你在对方的记忆里植入了一个不好的痛点,这个不好的痛点又变成了我们下一代人记忆里的原生记忆,不自觉地延伸到下一代身上去了。因为我们的情绪需要释放,因为我们的不被理解,最后变得弱势,处于下风的这种情绪要释放,于是释放给了孩子,从而形成了孩子的原生痛点。

我们的模式是让别人成为我们想要的那个样子。如,我们梦想中有什么,最好这个人就是完完全全这个样子的,看起来是爱他人,真正爱的却是自己,他人只不过是我们的一个影子而已,我们真的爱过他人吗?爱他人是让他人做他自己,完全地接纳,才是真正的自由。

一个男人,在家里被妻子塑造,被妻子控制,被指责,那么他就会逃离这个家庭,逃到某一个能够给他感情慰藉的一句话,一个怀抱的人那里去。一个女董事长说她丈夫,讲你找人就找人,结果找的比我丑,又没有我有钱。我说,你认为你好看的标准是你认定的,在他眼里她比你好看。这是事实,关键是你接不接受这个事实。当你接受了自己比她好看,比她有钱,那你老公要的是你的钱,还是要的是你自以为是的好看呢?如果他要的不是,那你的钱和好看对他有什么吸引力呢?

为什么我们老是要去指责对方呢?因为我们害怕照见自己。如,当男人在家表现出很惬意,很快乐的时候,你突然就愤怒了,因为你在原生家庭里惬意快乐的时候,受到了父母的指责,然后把曾经受到过的指责,埋到自己的记忆里,而你老公恰恰呈现了你的这个记忆,你的痛点就触发了。如果你老公回来在那里吹吹牛,喝喝酒,做他自己,你要么夸奖两句,要么静静地欣赏就好,可是你却要吵,我不快乐,你凭什么要快乐?我现在很不快乐,你也不能快乐!好好的一个快乐气氛,就因为你的原生痛点的记忆,被他映射,触发了,变成了家庭战争。所谓一念起千山万水,一念灭沧海桑田,真实不虚。

当看到对方呈现自己痛点的时候,要觉察自己的情绪,并且要找到那个痛点,从欣赏对方开始。在欣赏对方的同时,也就放

第一部分 新生家庭篇

下并且宽恕了自己。

为什么你哭，就要全天下的人都跟着你哭呢？武则天也做不到。外在任何引起我们情绪的地方，都是我们需要认真觉察并加以改过的地方！如果做不到这一点，所谓的夫妻关系好，感情好，都是自欺欺人的一个笑话。别人在帮你释放压抑的情感，你却在那里愤怒；别人在呈现你的痛点，正是你改变自我的大好时机，为什么还要去掩盖，去增加呢？有句话说"旧业未了，又添新殃"。旧的债没还，新的又来了，这是驼子背上又加包，非常不好。

我们在婚姻当中，对对方总是有那么多要求。只要是在婚姻当中，任何人都会对对方提出要求，有形的，无形的，因为你害怕承担责任，需要有一个人来跟自己一起面对。但是来了这么一个人后，一起开创生活本来很好，但是她把自己依附在对方身上，自己所有的问题都要让对方去解决，如果对方解决了99件，只要有1件没解决，对不起，99件事的功劳全部抹杀掉。然后这一件事被她无限放大，放大到一年，新三年，旧三年，碎碎叨叨又三年。在外面半夜还在喝酒的男人，除了自己的认知有问题外，在家里是不是有一个让他产生不了依恋的女人呢？

因为我们在外面害怕和真实的自己在一起，所以在对方面前要表现：我比某某漂亮，身材好，挣钱多，官儿大，用这些来抓取你爱的人的心，抓得住吗？当容颜渐老，色衰而爱弛的时候，那个人不爱你怎么办？总有从官位跌落的一天，女人不再爱你怎么办？很多人就去抓这些外在，而且还把这些外在死死地抓在自己身上，当作自己的护身符。有的人说，我老公是什么什么，"我爸是李刚"什么什么的，我是干什么的等。

我们为什么害怕做真实的自己，并害怕把真实的自己交给对方，既要模糊自己，又要别人欣赏自己？欣赏什么？是我们要反复去塑造的那个好的形象，为对方塑造的自己。真的是为对方塑造的吗？其实是在原生家庭中的情感没有获得满足，自己在用另外一个自己来满足自己。很多人说我对我的丈夫已经不抱希望了。接下来怎么做？她开始裂变为双重人格，一阴一阳，一个真实的自己，另一个是她扮演的那个希望中的丈夫，一旦现实生活有这样的男人出现，立即无怨无悔跟着跑了。一直塑造就一直有期望，一旦遇到这样的人，对号入座，就会死死地抓住。抓住的男人真的是理解她，欣赏她的这个人吗？其实是她自己裂变出来的一个男人，她自己塑造的。

害怕失去自我，避免与人来往，宅在家里。但是又害怕分离与寂寞，百般依赖他人。在这种情况下，越来越多的要求，越来越多的塑造，不仅让对方窒息，也让对方难过，同时在得不到满足的这种需求的前提下，更加的怀疑自己，于是更加拼命地去抓取外在的物质。

在婚姻当中，你有没有经常被配偶激怒，有时候对配偶的某个动作，某个表情，某部分性情表现得特别忍无可忍？如，当丈夫或妻子无意间说你真没用，是不是就可能使你暴跳如雷，小题大做，尤其是过夫妻性生活时，女的对丈夫说你真没用，男的估计会倾家荡产去治疗，或者他很快就要离开这个女人。他要在别的地方去试试是不是真的没用，女人一句话就把男人推到别的女人怀里去了。也许在别的女人那里他很管用。为什么会有这样的情绪感受？是因为在对方身上又看到了父母严酷指责的影子，在情绪上又重新经历了童年被父母苛责、讥讽的痛苦。这些心理情结，是在成长过程中于心理版图上又设定的一个心理模式。别人触动了某个特定的伤口，说了某句话，做了某件事，经过自己心中特定模式的处理和解释,就产生了某些情绪和反应,怎么调整呢?

大多数人没有心灵信仰,培养和建立共同遵守奉献的信仰非常重要。发自内心地相信自己是一个天天向上、心地善良的人,就能传播建立快乐和互享的信息。一个和谐家庭的信息能量,是一个能够影响很多人的能量场,一个好的意念可以瞬间和很多人匹配,在和很多人匹配的时候,又有更多人进行能量场的匹配。

菩萨畏因,众生畏果。身口意三业里,口业最重,身口意是一不是三,为什么体现在口?口一说出来,印到别人的脑子里了,而且产生了震荡,而意出去,别人即使感受到,没有确认还可以转念。白纸黑字,文字写出来,红口白牙说出来,不好改啊!

因果关系如同蝴蝶效应,人的思想行为都是因,都会产生相应的果,因好果好,因坏,果必坏,当下的修正就是修正未来,修正不仅仅是做好事,还要不去伤害他人,哪怕你的行为和反应是正常的,这就是修道。

有一种阳光夫妻,外在行为堪称楷模,但是彼此情绪是向内攻击,付出的是精神伤害的代价,要么表达为身体疾病,更残酷的是让他们的孩子来承担,呈现出各种症状,为他们的表面和谐付出代价。曾有报道说一个五好家庭,丈夫坐牢,妻子生病,儿子抢劫,最后呈现的是这样的结果,别人都感到惊讶,怎么会是这样的!是因为彼此的情绪都在向内攻击,他们都把看起来好的事给别人,然后开始把对方从自己的生活当中隔离起来,相互攻击。

没有争吵和敌意的家庭不一定就幸福,父母如果感受到自己的孩子的敌意,会爱得更好。你表达你的敌意和侵犯,是爱的表达,在敌意和侵犯的表达中,知道在爱当中,如何避免伤害对方。彼此伤害,不是不爱,而是不够爱,不会爱。任何没有安全保障的爱就会使得角色的身份的认同和关系的安全连接发生障碍,都会让人压抑不安,从而逃避,甚至想方设法抽离,这些坏的东西跟我们没有关系,这种做法会消耗很多精力,从强迫性重复的观点来看,我们爱谁,如何去爱,也是在原生家庭的早期经验的再现,甚至是父母模式的翻版。(——摘自陈公著作《原生家庭与幸福人生》)

有媒体曾归纳出中国夫妻之间的问题:第一是缺亲昵,为什么? 中国夫妻大多羞涩,觉得亲昵是黏糊的表现,亲昵显示有拥抱、亲吻等表达方式,是婚姻的必需品。当你满怀爱心去拥抱对方的时候,实际上就是把你的爱表达给他,从全息的观点来看,你的信息释放的能量是正能量,启动了对方身体的正向信息和正向能量释放,相互的正能量就会产生快乐的能量场。第二,很多人在恋爱期间是情话高手,但进入婚姻之后,有没有人还说我爱你,我想你? 估计少。再有就是夫妻生活当中没有幽默感。幽默可以化解、缓冲矛盾,消除隔阂。还有,特别缺乏欣赏,你看起来是欣赏配偶,实际上是在欣赏你自己。一个人连欣赏自己都做不到,那么人格就是残缺的,因为这个配偶是你选择来的,所有的机缘都是有定数的,你善待他,他善待你,你们的感情周期会拉长一点;你不善待他,他不善待你,你们的感情周期就会缩短。彼此是带着怨恨分开的,但你们以后还是要有连接的,就算是情债,为何不好好还? 哪怕是短期债,也用心了,因为不知道在什么时候会用什么方式来连接来还,就麻烦了。所以很多人总是用挑剔的眼光看配偶,对方的不完美,不够好,实际上是对自己的不接纳,不欣赏,是对自己不自信,总是要求别人来帮助他建立自信。在家庭里总是说你应该怎样,你总是怎样,你太怎样怎样等,都是指责的、抱怨的一些语言,甚至是要求。

所有在婚姻当中出现的问题,累计的负能量最多的就是要求太多。对方做不到,你总是在要求,最后必然是缩短感情周期。许多人缺乏童心,缺乏浪漫。能够把心思花在街上去看美女,带他人去看电影,泡妞,也不会给家里的妻子带一束花来表达浪漫,年轻时会这样做,结婚后就不会做了。电影《澳门风云》里的女主角说,不讲理是女人的本能,男主角说,不认账是男人的特长。在婚姻中所有人都讲你不对,而你觉得他们都不对,自己有天大的委屈,印证了婚姻的一个定律:当你觉得别人都不对的时候,仔细想想真就是自己的错。做人太方伤人,太圆又使人远离,要圆融变通才是最佳。

在婚姻生活中,多数人会经常反复性、选择性地去反刍耿耿于己怀的原生事件。有的人讲起自己的丈夫来就恨得牙牙痒,在伤口上流泪和在伤口上撒盐,自虐与虐他的效果是一样的。如果换个活法呢?

故事二。

有位仙崖和尚弟子众多,其间有位叫湛元的年轻僧侣。某天晚上,湛元趁师父不在,与人溜到镇上的花街寻乐。初次逛游花花世界,他觉得非常有趣好玩,后来干脆每一入夜就从寺里潜出,章台走马、寻花问柳。

湛元三番两次到歌楼酒馆,到底还是传到仙崖和尚耳中。湛元的夜游,也成为人们议论的八卦话题。然而他的师父仙崖和尚,智慧超卓且心胸广大,认为湛元不过是个年轻人,年少轻狂,总不免要历经荒唐岁月,相信他不久自然会停止花街野游。于是暂且观察湛元一阵子,打算视情况再决定如何导正。

仙崖没有正面训诫，看起来像不管湛元夜游之事；而湛元竟也丝毫未见觉醒的迹象，继续夜游寻欢。仙崖心想：这小家伙太过分了，再下去如何是好，我得好好教育他。

某次，天寒雪夜，湛元溜出佛寺后，仙崖和尚便命令弟子们收拾起墙边的石灯笼——那向来被爬墙进出的湛元当作垫脚踏板。然后，仙崖和尚就坐在原来放石灯笼的地方禅修。

大雪纷飞，老和尚的光头、消瘦的肩膀上都积满了雪，面容更冻得毫无血色，但他仍继续坐禅。直到三更半夜，湛元喝得烂醉如泥，摇摇晃晃回来，他垫着墙外的水桶，越过围墙，再把脚踏在"石灯笼"上。此时，湛元感觉怎么似乎踩到了软软的东西，心想：大概是酒后错觉吧！不管了，赶快进去。跳下来之后，刹那间，湛元看出好像有个熟悉的人影在眼前，大吃一惊！原来他刚刚所踩踏的东西不是石灯笼，而是在雪中坐禅，守候弟子归来的仙崖和尚，而他，竟踩着师父的头跳下墙。

湛元此刻终于发觉自己所行之荒唐，完全清醒过来，顶礼后，跪在雪地中，稽首忏悔：师父，请原谅我吧！弟子不该如此荒唐。湛元的热泪滴下来，融化了一摊雪水。

老师父起身说道：外面很冷，快回寮房睡觉吧！说罢，即翩然离去。哭泣的湛元立在雪中，目送师父的背影，心中暗自下了一番决定。从此以后，湛元不但完全停止夜游，而且精进于佛道的修行，后来果然成为非常有名的禅师。

思考启示：

佛门如此泣血的教化典集，感动多少佛家中人。反观世上亦如是，在现代社会，面对叛逆心强的孩子，许多人深感父母师长难为，急于导正孩子的偏差，生气恼怒的责备经常可见。但若能真正了解孩子的特质，找到他所适合的教育方式，善用技巧令其交心,刹那的感动与悔悟,往往是永恒的向上力量。

此外,我们不难发现以上两位禅师都是 EQ 高手,都有镇定沉着的情绪管理能力,唯有降伏自心的愤怒,才能无时无刻保持清明的心境,以智慧化人,以德服人。孩子是我们生养的,但是他是他自己的,不是我们的一个物。夫妻虽然在婚姻中是固定的,但是也要让他们做他们自己。仙崖禅师的包容体恤之心,正是现代人际关系中所缺乏的。

试想,如果人与人相处,都能以爱为出发点,为对方多设想,还会有争执摩擦吗?即便对方偶有冒犯,也不需得理不饶人,难道我们自己就真的那么完美吗?因此,当你对周遭的一切,都以一种最亲近柔软、祥和温润之心来看待时,自然地生起忍辱,不喜欢跟别人争斗,同时也不会令自己或他人烦恼。未能控制心性与情绪,动不动就高声吼骂者,是与自然之道相违的。在吼骂时,是在折自己的寿。让人怕,比让人不喜欢还可怕。那谁来包容我?试想,可能包容你的,除了亲情之外,就只剩下法律与暴力了,你要吗?生命在气息间,能生活在不生气的气息中真是幸福。

在婚姻生活中,可有反复性地去比较?如果有,要知道,无来由的痛苦来自于莫名其妙的比较,许多人嫉妒的往往不是陌生人的飞黄腾达,而是身边人的飞黄腾达。不要问别人为什么,要问自己凭什么!当你凭什么能比别人好的时候,也会过上自己想要的生活。

第三节　感悟与启迪

梳理与还原原生家庭,解决我们从哪里来,连接与延续解决我们在新生家庭里到哪里去,人格模式的清理与重建解决我们用什么方法到达,全息心学的提升与超越,解决的是人生命运的改变,四位一体,哪个层面先解决,对其他层面就能加快推动成长。

人生就像一个天平,平衡才是王道。很多人给出的同时,没有得到他就不平衡。实际上,付出的同时也是在接受,接受别人的赞美;付出的同时也在得到,爱出者爱返,福往者福来。

有些是明物质层面的,有些是暗物质层面的,很多人不了解这些,觉得没有得到,对没见过的就不承认,不接受。

现代中国人最需要独立思考,只有独立思考才能创新、创造。哲学是一个国家,一个民族,一个种群集体文化思想思考的产物,指引着人类前进的的方向。曾经走过的历程,耕耘的同时也在体会收获。天天栽秧,也看不见稻子,不急,稻子在那里。一边是物质,一边是精神,物质可以推动精神,精神也可以改变物质,物质和精神是一体两面,在同步当中,相互转化,有时候物质转化成精神,精神改变影响了物质。比如说你在这里是自己,在别人那里,你是他人,只是角度与位置的不同。

这个世间所有的好事不会都给你,所有的不幸也不会都给你。对,错,是,非,得到,失去,都是二元对立的。想到对就看到别人的错,想到自己的是就看到别人的非,一看到自己的得,马上就看到别人的失,当然一般人看到自己的得时,看不到别人的失,我们能不能找到生命中的最佳平衡点? 要破除二元对立,就要了解二元之间也是在不断转化中化合的,在一定的程度是你中有我,一定的程度是我中有你,时刻不停地在不断地转变。

天道,就是客观规律,真理实相是一个阴阳平衡的世界。

如果原生家庭还有模板模式可以推脱的话,在新生家庭你有没有在做你自己? 做自己的情况下,不去改变自己,还要把过错推给父母吗? 还要把过错推给社会吗? 肯定不能,只有解剖分析自己,才能成长得越快,越好。越是把自己包裹的紧紧的,越是让别人看不见,就会得不到收获,因为始终把自己放在阴影里,看不见阳光,不是外面没有太阳,而是你不走进阳光中去。

太极"一",就是客观世界的整体性。众生是一个整体,每个人都是别人的一个镜子,在别人身上,难道只是别人的事吗? 在你的意念里没有想过吗? 在一定的环境下,你不会比他做得还恶吗? 所以时刻要在情绪和意念升起的时候要去对境觉察。许多人在彼此交心、交情、交往、交接的交流过程中,要么在运动性里不接受变化性,要么在变化性里忽略了运动性,是彼此在交叉中交错,还是在交织中交合? 辨不明白,看不清楚,不是错上加错,就是遗憾终生。

易经的阴阳和合在于变,在于交,万物有阴有阳,有男有女,有雄有雌,只有雌雄交合才能生生不息,所有阻碍阴阳交合的事物都是在加速其自身死亡。一切在变易和交易中达到改变和圆满,许多人自己违背规律,还常怪老天不公,可悲!

少年时读书听闻如井中望月,不明就里;青年时读书思考,如瓶中观月,忽明忽暗;中年时读书阅人,如手中玩月,光亮自如。老年人读书阅人,如月在心中,入世出世,观照一体。我们在哪个层次呢,不妨对照下。

第二章　与儿女们的战争

第一节　人生 AB 剧

王女士，39 岁，个头不大，黑色的长发。身段很精致。

王女士说：朋友抱怨说她们的丈夫花在孩子身上的时间太少，而在我家，15 岁的儿子和 13 岁的女儿垄断了丈夫所有的注意力，就好像我不存在。最近，我们不是因为儿女们吵架，就是不说话。

乔曾经那么爱我，那么乐于给予。17 年前，我们在一个滑雪场相遇。当时我滑出了轨道，摔倒在雪堆上，我的脚踝严重扭伤。乔本来在我的后面滑，看到我倒下，他追了上来帮助我。那之后，我们就开始约会。不久，我们就疯狂地深深相爱了。

乔比我大 9 岁，他是个职业歌手，很多广播和电视节目中，都能听到他的声音。我从未遇到过那样迷人的人和迷人的声音。他让我了解了音乐，介绍给我书籍、诗歌和外国电影。跟他在一起，我总是充满激情，不在一起时，我是那么忧伤。

乔的父母以前很穷，他父亲因此常在外寻找工作，不过很明显，儿女们之间的关系都很难亲密。

我父亲是一名律师,他是个十足的工作狂,每晚都要工作到7点才回家。而我的母亲,则总是待在厨房,或是在屋子周围忙碌着,她似乎从不需要我帮忙,也不希望我陪着她。通常,她都会说"去学习",语气硬邦邦的。

于是,我就去学习。整个上学期间,我学习都非常努力。乔是我的第一个约会对象,他似乎了解我对学习的承诺。

结婚以后,我们搬进了学校附近的一所小公寓。开始的几个月,生活像我所希望和设想的那样,唯一让我感到痛心的是,我从来没有感觉自己融入乔家。在乔的生活中,我成为第二位,这让我感到苦恼,每当这时,我只有埋头学习。

两年多之后,我发现自己怀孕了。乔显然很激动,我虽然有点紧张,但作为一个孕妇,我感觉我是成人了,同时也感觉自己很重要。

我特别希望成为一个好母亲,一个完美的母亲,但我承认,孩子出生以后,成为超棒家长的不是我,而是乔。事实上,我没有那么多的精力。我喜欢儿子,但那时,我念完硕士,并且找到了梦想已久的工作——在律师事务所做助理,从此开始我的职业生涯。每天,我都要忙到七点才能到家,而那时,我也已经相当疲惫。

第三年,女儿出生了,而我工作的压力也增加了。让我觉得庆幸的是,乔是一个相当称职的父亲。他总是带着孩子,向他们介绍各种各样的活动,引导他们的兴趣,就像当初对我那样。

问题是,乔太过溺爱他们了。现在,我的工作取得了一些成绩,我也有了一定的休息时间,我发现,乔对儿女们的变化毫不在意,要什么就给什么。

我并不是要跟孩子们争乔的关注。上星期,我建议晚饭后出去兜兜风,就我俩,他说,"好主意",但当我们告诉孩子们我们要出去时,女儿问她是否可以一起去,乔说可以。难道,他不再享受跟我单独在一起的时光了吗?

现在,我真的不知道该做什么了。我不希望我的孩子认为我是个怪物,但我也不希望他们被宠坏,成为自私的人。

我现在的工作已经不那么累人了,我甚至想收拾包袱,带孩子们离开,这恐怕是唯一能使孩子们回归正轨的方法了。

人生 A 面:

王女士要带孩子们离开,是真的因为爱孩子吗?

有人也许会说,王女士在和乔的相处过程中,她在原生家庭里被忽略的原生事件引发了自己的痛点反射。在和丈夫相处的过程中,正好满足了她的需要,所以他们很快进入了婚姻状态。生完孩子以后,因为孩子和她竞争丈夫的爱,导致了她一系列所谓掩盖事实的虚假自我的一些表现,拿孩子的成绩、成长为借口,拿爱为理由、为幌子来争夺丈夫的爱。

实际上,在新生家庭中,我们要把夫妻相处的关系作为第一关系,把和孩子的关系作为第二关系的模式,会更融洽。

王女士对跟丈夫、孩子之间的这种状况很担忧,感觉自己完全被忽略了,完全找不到存在感了。

我们来听一听男方的说法。

乔48岁,高高的个子,脸上看上去有些皱纹,眼睛是温和的。

乔说:和王女士在一起,我常觉得自己好像是处于一块石头和一片硬地的夹缝中。我爱王女士,自从那天我把她从雪堆里拖出来起,我就一直爱着她,但她似乎看不出来。仅仅因为我想给孩子一切我能给予的最好的东西,她就认为我对她的感情变了。但有一点，王女士的感觉是对的。最近，我确实不愿意跟她在一起。她总是不停地抱怨儿子和女儿，坚持认为我是个坏父亲，因为我不给孩子什么规矩，这让我感到气愤。我也知道，我们应该在孩子问题上达成共识，但我认为，她对孩子太苛刻了。

王女士变得越来越保守，我常觉得我得保护孩子们，因为她给孩子们定的规矩甚至有点儿军事化了。我不认为我的孩子那么没有责任心，但王女士无法放弃用这样那样的规矩来控制他们。

直到现在，她还常常怪我去年给孩子们买电视机。对那台可恨的电视，我还有什么好说的呢？儿子和女儿都是聪明的孩子，他们带回家的，也总是优秀的成绩单。

王女士认为孩子们把所有的时间都花在电视上了，我知道，他们没有。王女士在家的时间不如我多。更令人生气的是，王女士坚持要孩子们像灰姑娘那样辛勤地擦地板，来抵偿他们获得的电视机。王女士曾对我说过，在她成长的过程中，她的父亲从来都没有给她温暖的感觉，也从不那么敢于付出。如果真是那样，倒让人觉得，王女士自己如果心里有孩子，应当会反过来对孩子百般疼爱。

我自己的父亲太多次令我失望，我曾发誓，如果有了自己的孩子，我绝不会那样对他们。只要有可能，我都会在孩子身边，照顾他们，帮助他们。难道那不是一个成熟、有爱的家长应该做的吗？做父母的必须舍得付出，所以说，女儿想跟我们一起去兜风有什么不可以的呢，毕竟，我和王女士什么时候都可以交谈。

我认为，王女士最近表现得有点自私。事实上，她一直都有这一倾向，想让事情按自己期望的方向发展。

第一次见面时，王女士显得活泼、迷人，但也只是在拥有我全部的关注时,她才那样。比如说,如果有侄子或侄女来拜访我,拜托我做一些事时,王女士马上就会变得愁眉苦脸的。

我想,那也就是现在的情况。当然,我们有过欢乐的时光,如果我们生活在被抛弃的孤岛上,我们会每分每秒都单独在一起。可是,我们是在现实世界里,我无法理解她的不满。我爱我的妻子,我也希望成为一个好丈夫。但是,那是不是就意味着我不能同时成为一位好父亲呢?

人生B面:

当我们在新生家庭没有做自己的时候,让对方不做自己的时候,距离就产生了,问题就产生了。

乔说,"我自己的父亲太多次令我失望,我曾发誓,如果有了自己的孩子,我绝不会那样对他们。只要有可能,我都会在孩子身边,照顾她们,帮助她们。"

乔是真的喜欢孩子还是在弥补儿时的不足呢?是在儿女们身上投射了自己的这种补偿,或者是弥补了自己的这种缺憾呢?当然是弥补不足,兑现自己的誓言。

个案分析:

乔的"做法"在心理学上谓之心理退行。作为一个成年人来讲,王女士说得对,再对孩子好,也不能忽略妻子。但是作为乔来讲,他对孩子所做的是在爱孩子。王女士不让乔做他自己,也不让乔在孩子身上来补偿他儿时的不足,所以乔就觉得王女士表现自私。她越表现得自私,乔就越不愿意跟她交流了。不能同频,共振不了,彼此之间就有了隔阂,一有隔阂,就有了距离,一有距离,王女士就借机想把孩子们带出去,带孩子出去的目的还是要吸引乔的注意,要吸引乔回心转意,不要忽略她的存在。

当乔忽略她的存在的时候,王女士就映射了自己的童年,她要孩子劳动来抵偿电视机,在她成长的过程中她的父亲从来没有给过她温暖的感觉,这就是自虐。她是以虐他的方式来弥补自虐的缺憾,她小时候是受到了父亲或者母亲的虐待,也从不敢于付出,因为她付出得到的是呵斥,不被认可,遭受拒绝。乔认为你既然是那样,为什么还不对自己的孩子百般疼爱呢?王女士父爱缺失的创伤,她以一种向内攻击、自虐的方式得到满足,有了孩子以后,以虐待孩子的方式来释放这股能量,获得快感。这时王女士做了自己的父亲,孩子就是小时候的自己。角色倒置、重置。因为王女士一直用虐待孩子的方式索取乔的关注,所以乔认为王女士表现得有点自私,想让事情按自己期望的方向发展。从乔对王女士的评价中可以看到王女士潜意识当中有"我的丈夫只能爱我一个人,如果爱了别人就不爱我了"的内在誓言。

王女士小时候在原生家庭中未得到满足的需求在孩子的身上通过情感的移入得到了满足,但毕竟这是一种虚假的满足,随着时间的推移,她需要在自己身上真正体验到那份关注,于是就开始强化自己,异化孩子了,以促使乔将对孩子的爱转移到她身上。

这时古板型人格与癔症型人格化合。王女士"用学习好来吸引父母关注"的模板来源于她的小时候弱化自己想得到父母关注的真正需求,按照塑造的母亲的要求塑造自己,为了得到母亲的关注,认为我学习好了,就能得到父母的关注,同时将自认为母亲的要求内射形成了内在誓言——"我一定要学习好"。弱化性内射,形成了顺从型人格。认识乔之后,王女士将对"学习好就能获得关注"内在誓言的强化性外射到乔的身上,这时王女士的角色错位了,把乔当成了她的父亲,夫妻关系成了父女关系,古板型人格的能量通过偏执型人格向外释放。王女士是认同自己的这个角色身份,认同自己这个模板模式的,而且偏执地认为乔也应该认同接纳。这样王女士"用学习来获得关注"的原生家庭中的模板,成为了在新生家庭中处理亲密关系的模式,古板型人格的能量通过强迫型人格向外释放。王女士将"从学习好来吸引父母关注"的模板用到亲子关系中,认为好母亲、完美母亲的标准就是"学习好、工作好"。王女士高度认同这个模板,同时也要儿女认同这个模板。强化性强化的古板型人格能量通过强迫性人格向外释放。

当王女士的脚踝严重扭伤,乔追了上来帮助她时,这种被关爱的感觉,让儿时被忽略、被抛弃的创伤得到了疗愈,需求得到了满足,这时她就弱化自己,强化乔,启动了她忧郁型人格。她表现出悲观消沉,怕被孤立的人格特点。因为怀孕,被关注的需求得到满足,感觉自己很重要了。

在王女士的潜意识中,认为自己是不被接纳的、不被关注的,弱化自己异化他人,有分裂型人格的特点:敏感、逃避。因此从来没有感觉自己融入乔家的生活中。

王女士的主体人格是古板型人格,辅助型人格是癔症型人格、偏执型人格、强迫型人格、分裂型人格、忧郁型人格。王女士的偏执型人格和古板型人格,让乔觉得和王女士在一起,自己好像是处于一块石头和一片硬地的夹缝中。

从原生家庭看,乔也存在被忽略、被抛弃的创伤。当乔把她从雪堆里拖出来的那一刻,乔的价值感被体现了,有一种被人需要的感觉。他就强化自己,弱化他人,体现了偏执型人格的特点。乔的母亲和王女士是否有相似的地方?可以想象他们相识时,乔把王女士当成了他母亲的投射,因此他愿意去照顾她,角色重置,做了她的父亲。

乔认为王女士也应该像他一样对待孩子,将自己对待孩子的方式强化性投射到王女士的身上。实际上,乔将王女士当作自己的母亲,而孩子就是小时候的自己。角色倒置、重置。偏执型人格的能量通过癔症型人格向外释放。

但当乔对孩子的方式得不到王女士认可,甚至是反对的时候,就开始强化自己,异化王女士了,体现出癔症型人格。当王女士对孩子异化,也就是不认同,并把这种不认同放大后显现出来,触动了乔的心理痛点,乔出来保护孩子,实际上是在保护象征小时候的自己,这时乔在做小时候自己想象中的父亲。乔这样对待儿子和女儿,是将儿子和女儿塑造成自己想象的父亲和母亲眼中的自己,疗愈自己父爱、母爱缺失的创伤。

乔用在原生家庭中形成的内在誓言,反向塑造自己,乔的对待自己的孩子的方式是在弥补不被父母关注的缺憾,兑现自己的誓言,乔这时在象征自己小时候的孩子身上呈现自己想象的父亲形象。异化自己,也异化孩子,有回避型人格。

此案例中丈夫不是在做丈夫的角色,妻子不是在做妻子的角色,彼此角色错配,关系错乱,情感错位,导致问题发生了。

新生家庭如何面对孩子,成为许多父母的课题,有的处理不好成了难题,有多少父母在原生家庭受到的伤害,在新生家庭再度重演,以病毒式传播给下一代。在夫妻关系里,看起来是两个人在组建一个家庭生活在一起,实际上是四位父母之间的相处。双方两个人在不同的家庭环境中成长,每一个人都在原生家庭或多或少地被父母言语伤害过,或者被忽略,更致命地是在当时的情境里被自己解读过后,纳入自己的潜意识中,形成了内在誓言,并且形成了我们日后为人处世的一个人格模式。所以,清扫我们心灵的碎片,打扫心里的垃圾尘埃,是一辈子都非常重要的事情。神秀大师说:"时时勤拂拭,莫使惹尘埃。"有智者说:"笤帚不到,灰尘不会自己跑掉。"

在夫妻关系中,更多人是带着一个内心需求没有被满足的假自体与爱人互动,不是索取就是塑造对方成为自己理想的样子,自虐虐他!只有当我们自己的内心越来越纯净,越来越接近自己本真的时候,我们才会主动地付出爱,才会有付出的能力,自然会角色归位,夫妻双方才能尽各自的义务,获得关系的自由。获得关系的自由是最重要的。关系自由就是让别人做他自己!如果别人在做自己的过程当中,心理退行怎么办?他是在补偿儿时的记忆,补偿儿时的不足,你在某种程度上是他人格的一个互补,不会随便找一个人来照顾我们的一生。这个里面有很多机缘,缘浅的一年就离婚了,就那么长的缘分。一只38码的脚,穿着一只40码的鞋,穿不住,不行。一只40码的脚硬穿了一只38码的鞋,虽然硬穿上了,可是他疼啊,也不行。当时为什么看上了呢?好看呗!为什么好看?因为有个梦想是想要一双这样的鞋,当时就不管不顾了,削足适履,硬穿上,一穿一磨合,发现实在是非常痛苦,只有重新选择。机缘已尽,缘尽则散。

如果对方在一个真实的关系中做了他儿时或者他老时的关系,这样的关系都不是亲密关系,都不能建立亲密关系,很难建立亲密关系。为什么?因为他拿的是个假自体,如果你也拿一个假自体,彼此都在塑造,彼此都在要求,彼此都在抱怨,彼此都在指责,那夫妻不是冤家是什么呢?很多夫妻到最后形同陌路,比仇人还仇人,老死不相往来就算了,夫妻分手要置对方于死地,这不是比仇人还仇人吗?有人讲一夜夫妻百日恩,夫妻本是

第一部分 新生家庭篇

035

同船渡，五百年前修一场，这是对仇敌夫妻说的，因为他们早就忘了。我们怎样对丈夫，怎样对妻子，怎样对孩子，实际上就是我们怎样对自己的一个关系呈现，即我们当下的这种关系。我们有没有在当下的关系场中做真实的自己，这个是最重要的！

离了道学术，自己都没有照见自己的内心，学了一些形而下的术有什么用呢？我们要时刻意识到这一点，意识跟孩子之间的这种关系，跟爱人之间的这种亲密关系，是建立在一个什么样的信息场内，能量场内，在当下匹不匹配，共不共振？

亲密关系是疗愈心灵碎片的最好的磁场，因为我们总能在对方身上，在对方的成长过程中疗愈自己，对方也能在我们的成长过程中疗愈他自己，这就是疗愈。夫妻之间本来是可以彼此疗愈的，但是最后变成了彼此要求，彼此塑造，丈夫一出轨，妻子就不能活了，妻子一出墙，丈夫就不能活了，整个叫不在状态。为什么出轨？为什么找小三呢？原因在哪里？亲密关系的内核是什么，有什么需求需要在别人身上去满足？因为夫妻之间的沟通没有建立起来，夫妻之间真正的需求没有沟通清楚。很多话，像丈夫是妻子手中的线，无论你跑多远，线在我手上拽着之类，简直是自欺欺人！夫妻关系如手中的沙子，握得越紧就流得越快，也不分析里面的道理，人云亦云，相互传播，自以为得到真传了，结果现实生活中的婚姻关系怎么样了呢？亲子关系怎么样了呢？一塌糊涂。道理懂得很多，一到自己身上，傻眼了。

你要觉察你当下在做什么，你自己在什么关系场上，这个才是你要去做的。所以说亲密关系是疗愈心灵碎片的最好的关系磁场，接纳所有眼见的事实，允许它们如期所至的发生，一个健康的关系，不是追逐，而是相吸，不是纠缠，而是珍惜，远近相安间是自由的呼吸，可以恣意畅谈也可以沉默不语，可以朝夕相处,也可以久而不见,尊重彼此是两个完全不同的个体。有句话"自叹神通空具足,不能调伏枕边人。"就是说每个人都很好,有无穷的能量,再有神通,也调伏不了枕边人。比如当官的杀死情人的案例;有把妻子杀死的;有把老公杀死的;为什么呢? 到底是怎样的一种亲密关系,是拼命地塑造,控制,要求,就能搞好夫妻,亲子关系吗? 并且埋怨,指责,不满,就能建立亲密关系吗? 夫妻关系是最亲密又复杂的关系,如果夫妻关系搞不好,能把孩子的教育搞好吗? 否则在孩子身上你又错位了,孩子又在你身上建立了错误的东西。奥巴马的母亲讲,让孩子做自己就好,让孩子选择他自己,然后担当他自己。作为单亲家庭的奥巴马母亲的确很了不起。

有的单亲家庭,丈夫走了,母亲就拼命地把自己的全部愿望加在孩子身上,最后丈夫没了,孩子也没了,自己也没了,这是爱孩子吗? 越是婚姻关系出了问题,我们越要在亲子关系上检索。跟孩子的亲密关系该如何建立,一定要为孩子松绑,一定要为孩子减负,一定要让孩子去做他真实的自己。

如果我们把人生拉短十倍去看,我们只要在这十倍当中做好一件事情,就是很出色的人。比方说你能安心地做一件你喜欢的事情五年,当五个月来对待,会怎样呢? 这是一种格局。

另外,少谈空洞的理想。人生需要沉静,人生更不能缺少定力。你谈那么多理想,天花乱坠的,放大十倍去看,在这十倍当中你做好了一件事吗?

1988 年 1 月 18 日至 21 日,75 位诺贝尔奖金获得者在巴黎聚会,就人类面临的重大问题进行讨论。会议期间,有人问一位诺贝尔奖获得者:"您在哪所大学、哪个实验室学到了您认为最主要的东西呢?"这位白发苍苍的获奖者回答:"是在幼儿园。"

提问者愣住了，又问了一个问题："您在幼儿园学到了什么?"

科学家耐心地回答："把自己的东西分一半给小伙伴们，不是自己的东西不要拿，东西要放整齐，吃饭前要洗手，做错了事情要表示歉意，午饭后要休息，要仔细观察周围的大自然。从根本上说，我学到的全部东西就是这些。"这段话是耐人寻味的。如果我们把这位科学家在幼儿园学到的东西"升华"一下，换成成人社会的词语就会发现，这位科学家所认为最重要的东西就是要懂得分享有爱心、诚实正直有礼貌、生活规律讲卫生等最基本的生活常识。而这些常识是由一个个好的习惯所支撑起来的，这些习惯从幼儿园就开始培养了。

成功的人和失败的人之间，一个重要的区别，就在于他们的习惯。成功的人，往往具有不断培养自己的好习惯，改变自己的坏习惯的能力;而失败者恰恰相反，他们对于自己身上的一些坏习惯总是听之任之，也懒得去培养好习惯。

英国的科学家爱蒙斯说："习惯不是最好的仆人便是最坏的主人。"所以当你不能成为习惯的主人时，习惯就会成为你的主人，一个被坏习惯带着走的人，怎么可能有成功的人生呢?

生活是我们自己的事情，未来的路要去哪里，需要我们自己做出选择，别人都只是过客。故事只有成为故事的时候，才是最可爱的，如果把它还原成现实，那么我们会突然找不到原来诗意的感觉和朦胧的美，很多悲剧的故事你要是去真正的经历，那才是真正的可怕，但是看这些悲剧的时候，我们还往往被这些悲剧所打动。

有时候我们喜欢把自己的生活当成一个故事，我们都是活在故事里的人，我们也都是有故事的人，或许在故事里我们会更喜欢自己。生活是我们自己的事情，只要快乐，我们怎么想都可以，可我们也要学会收敛自己，如果因为一时的不高兴，就在家人、他人面前大吵大闹，那是一种不理智的行为，在他人面前大吵大闹，只会造成他人满心的困惑和不痛快。生活是我们自己的事情，不要去干涉他人，就像你自己不希望他人干涉你一样。有时候我们需要学会选择，如果两个价值观不同的人勉强在一起，只会让自己坚持的价值观流失，信息、频道、能量都不匹配，不共振，选择离不离开，就需要勇气了，需要自己做出抉择，别人帮不了你。也许你会觉得自己的存在是一种错误，如果对方也那样认为，那么该是你离开的时候了。继续坚持只会带来对方不必要的困惑以及你自己的能量损耗。也许我们曾经抛弃过别人，也许曾经也被别人抛弃过，比方说我们幼年时的经历，有时候生活会让我们感到厌烦，会让我们感到压抑，甚至颓废不堪，如果骨子里的影响一直颓废下去的话，谁也救不了你，除了你自己。有些人处境不好，会抱怨，就像海水只在那里低声呜咽，抱怨自己不得安宁，如果你也那样不停地抱怨生活，抱怨身边的人和事，你也会活得很累很累，终于有一天你也会被生活抛弃。

　　有人讲自己很累很累，当你觉得很累很累的时候，你是想抛弃生活呢，还是想被生活所抛弃呢？生活是自己的事情，为什么非要把他人牵进来扰乱自己本该宁静的心扉呢？如果因为自己的过错或者是处境去抱怨别人，指责他人，那你就是对自己的不负责任和对他人莫大的侮辱，永远不要一直想法子去针对他人，也永远不要对他人仇恨下去，否则有一天，你会不知道自己究竟是谁，因为你被那些妄念一念一念又一念地牵着走，早就离开本体了。生活是自己的事情，为什么要把自己的事情往别人身上推呢？要想自己活得精彩，就需要自己不断地努力，不断地付出。如果是自己的错,就不要指责他人忘恩负义的离开,生活是我们自己的事情!自己点燃灯火,把自己的选择的路照亮,没必要把自己所受的罪怪在他人身上。如果这人世间的既成事实可以挽回,那我们曾经所犯的错倒还值得我们用心去想一想,可是事实是这样吗?没用!

很多人相处在一起,只是为了各取所需,包括家庭,社会,组织,国家,仅此而已。这个世界也不那么坏,不要把它想得太复杂,习惯性地找些理由来骗自己,生活是我们自己的事情,我们有理由让自己变得更好,更成熟,更有魅力。生活中我们顾虑得太多,但要想飞得更高,我们可以忘掉地平线,为什么要参照呢?你想怎样是你自己的事情,想干什么你自己知道。我们每一个人出生都是朝着同一个方向走,从来没有人活着离开世界,到头来都是一抔黄土,没有必要用别人的成功来折磨自己,也没有必要拿着别人的幸福对着自己的失败耿耿于怀,彼此都是不相干的,哪一个个体都是无可代替的,都是唯一的,不能忘了自己,活着活着就把自己给活忘了。也不能老是活在他人的琐碎的悲欢里,人生一场还是应该有自己的世界,自己的生活。

生活并不是我们想怎样就怎样,生活也并不像我们想象得那么美好,生活怎么样,完全取决于我们自己。我们也不想伤心难过,其实我们都想快快乐乐,可是我们与这个悲伤有染也不是什么奇怪的事,人生总是要碰上一些痛处的。如果没有阳光,鲜花,只有漫无边际的虚空和黑暗,你还相信明天吗?生活需要在绝望的边缘走走停停,没有人帮到我们,我们需要在自我选择的成长道路上坚持下去,终有一天我们会大彻大悟。不要等到生活变得危险才去着手看明天,不要等到发现现在的你有多失败才开始忙着惦记未来。

生活是需要我们提前做些准备的。我们的生活需要别人指点方向,但是不需要别人指指点点,因为生活的主心轴还是我们自己,我们很努力很努力地去迎合他人,最后却迷失了自己。任何事情,只要心甘情愿,总会变得简单。有句话叫甘愿做,欢喜受。因为我自己选择了这条路,虽然助燃的少,但是我们自己可以争上缘!

世界太大,生活也太复杂,我们还是要找到自己喜欢的方向,努力往前走,在这里真心鼓励大家:鼓起勇气,面对一切的是是非非,因为生活是我们自己的事情!

第二节　故事与思考

故事一。

电视报道,有这样一位母亲,她丈夫跟她离婚了,离婚了以后,她带着她15岁的儿子一起过生活,在一个县级市里面,几乎没有哪一个网吧的主管不认识这位母亲,因为这个城市每一个角落的网吧她都出现过,目的当然是为了找回她的儿子。在很多孩子有网瘾的家庭当中,这样的情景应该都不陌生。每次找回孩子的结果是,这位母亲总要对孩子指责、谩骂、埋怨,孩子越来越沉默,有一次,她的丈夫回来了,他就讲"幸亏我跟你离婚了,幸好我现在又重新有了一个孩子,我要是跟你在一起生活,有这样的一个孩子,那有什么意义呢? 你带出来这样的一个孩子,过出这样的生活,你自己满意吗?"这位丈夫说完甩袖而去。这个时候的这位母亲在丈夫走了以后,发现儿子又不在家,就拼了命地去找,最终的结果肯定又是在哪一家网吧把儿子找回来了。这次找回来以后,她不再与儿子谈了,也不再埋怨了,而是把他捆起来了,丢放在楼下的一个地下室里,而且把门关上了。然后,她就在家里那个哭呀,找人诉说啊,晚上大概十二点多的时候,她有个好姐妹来看她,就跟她讲,"我们一起去看看孩子吧,孩子一天关在里面,也没给他吃,天气这么热,也没给他喝,你总得给他送点水吧!"这个母亲就讲"死了算了,反正因为这个孩子,我也看不到什么希望了,也给我带来无穷无尽的烦恼!"但两个人还是去看孩子了,孩子见了她们就喊"妈妈,我想喝水,我受不了了!"妈妈就讲"你还知道要喝水,你还知道受不了呀?"其实这个孩子已经是拿出他的生命在呼喊了,确实是不行了,但是,这个母亲正处于被丈夫刺激并且不再信任孩子的情绪状态下,已经听不到孩子的呼喊了,即使是生命的呼喊,依然把门关上,就离开了。

第二天,母亲起来之后,想到儿子一天一夜的反省应该有点结果了吧,因为当时白天的温度都有 30 多度,很热,就跑去地下室一看,孩子已经僵硬了,已经死亡好几个小时了。这位母亲后来以过失杀人罪被逮捕了,在狱中写了很多的忏悔的诗句,忏悔的文字。这是一个真实的案例。

思考启示:

为什么会这样?我们真的懂孩子吗?我们真的爱孩子吗?真的懂得孩子的需要吗?后来记者围绕孩子的死也采访了这个孩子常去的网吧老板、主管,了解孩子主要在网吧里干什么。他们就说孩子喜欢玩一种游戏,这种游戏里面孩子主要扮演一种高大上的英雄形象。在现实生活中,我们经常很想去表达的,很想去表现的,很想去改变的,往往就通过这种虚拟的方式在完成,但是这种虚拟方式的完成在母亲眼中是叛逆,是不学好,是跟她作对,不给她长脸,最后的结果是在没有沟通的情况下,自说自话的情况下,就酿成了悲剧。

这是一个母亲的故事,仁者见仁,智者见智。

故事二。

有一个叫多尔的母亲,她在孩子九个月大的时候,她的丈夫去世了,从此她就成了单身妈妈,也就是说她在孩子九个月大的时候就过起了寡居生活,那个时候她才十八岁。在他们母子成长的岁月里,有时家里的钱实在是少得可怜了,母亲俩一度不得不靠救济果腹充饥,维持一个星期的伙食,尽管食物匮乏,母亲的慈爱和无私付出却充足有余。每天晚上她都将儿子抱在膝盖上,告诉他那些足以改变他一生的话语,她说"你注定是做大事的人,只要你肯付出足够的努力,你就能做成人生当中的任何事。"在儿子十四岁那年,她的儿子被一辆汽车给撞到了,医生说他再也不能走路了,母亲也请了假,放下了她在肉类加工厂的工作,搬到儿子的病房照顾他。每天,母亲都用她那轻柔慈爱的语调跟儿子谈心,为他打气,鼓劲,她就讲"不管那些医生怎么说,只要你重新走路的愿望足够强烈,你就一定能够做到。"母亲将这番教导深深地刻在儿子的心里,儿子最终相信了。

一年后,儿子真的回到了学校,并且是靠自己的双脚走去的。什么叫心想事成,什么叫意念力和自然力的信息能量的匹配,这就是。什么是奇迹呢?你相信奇迹就会发生奇迹。那一年,大萧条来袭,这位母亲也与数百万的失业者一样丢了饭碗,为了维持生计,十七岁的儿子违背了母亲的意愿,放弃了学业,从那个时候起,为了母亲而争取成功就成了他的人生使命,他发誓再也不过穷日子了,这就是他的内在誓言。多年来儿子经历了事业上大大小小的成功,但真正的转折点始于那年他与家人的度假经历,这个旅馆为他们入住的家庭提供了二流的膳食,住宿条件让他非常失望,更让他恼火的是,他们对美国儿童还要额外的加收 2 美元,在 1951 年,2 美元对一般的美国家庭而言,价格昂贵,很多人对于外在的压力和外在的困难总是去指责和抱怨,对于有些人来讲却给了他们一个全新的选择和思考的机会,并且改变了自己的人生。

思考启示:

穷愚之人在怀疑中拒绝,而智慧之人在怀疑中了解。这样的旅馆对多尔这样不好,刺激这么大,他就决心为出游的家庭提供一种全新的选择,他告诉妻子,"他要创办一所适合家庭入住的汽车旅馆,树立一个人们可以信赖的品牌,并且决不对儿童额外收费。"内在誓言吧。所以我们在梳理原生情结的时候,总是在梳理一些不好的,我们来反向梳理之后呢,能不能正向地梳理那些对我们有帮助的原生情结? 他告诉了他的妻子他的设想,在全美开设 400 间这样的旅馆比较合适,而且每天都在一车程的范围内,也就是说 150 英里,由于当时没有任何与此类似的概念,许多持怀疑态度的人都预言,他必定失败,大家想想看,他的母亲是他的支持者,还是反对者呢? 毫无疑问,他的母亲是他绝对的最有力的支持者,而且是首先积极投入这项事业的一个,她在服务台后面负责接待,甚至还负责了首批一百家客户的客房装饰格调,与以往每次创业一样,他们遇到了种种巨大的挑战,很多年,因为现金十分短缺,他们只能用期票向员工支付圣诞节的奖金。母亲从前教导他的话深深地扎根在他的心里,使他对未来的成功从未有过半点怀疑,十五年以后,这个小伙子拥有了全世界最大的酒店系统,并跻身酒店业最知名的品牌行列。

很多时候我们并不是在自己人生的最佳时刻踏上了人生之

旅,但是你只要找到为之奋斗的人生使命,梳理在我们人生成长过程中一直激励我们或者伤害我们的内在誓言,包括我们成长过程中经历的各种自我,把他们整合归一,相信没有任何事可以拦阻大家获得成功。

第三节　感悟与启迪

河南的这位母亲,孩子从她眼里看到的是伤心,是失望,甚至是绝望。

多尔从母亲那里,看到的是希望,是未来的成功,是信心,是奇迹。

万法由心,境由心造。在我们的家庭中,我们到底给了儿女们什么样的信息,因为你给予什么信息,就能激发起他内在的能量匹配。如河南母亲的孩子,他无法跟母亲沟通,因为母亲总是处于愤怒状态,母亲总是处于对他的指责状态,母亲总是处于对他的埋怨状态,母亲总是处于认为他是一个多余人的状态。他想改变,但在现实生活中他是一个孩子,如何去改变呢? 那就只有在虚拟的世界里去改变,这种改变,如善加引导的话,他也是能够成就自己一番事业的。他外面的表相虽然是那样,但并非他真的不愿意为这个家庭去做一些事情。每一个原生家庭,我们所赋予的标签的好,或者感情经历当中的不好,所谓的痛反射点都是与我们自己有关的,当我们以别人的好与坏来决定或呈现自己的言行的时候,是不是与我们有关? 我们很多人都以别人的错误来影响自己,然后做出对别人错误的反应。别人的好也与我们自己有关,为什么会觉得别人好,因为我们自己对别人的好认同,与别人有着同样的价值取向,直接或有可能使你自己做出相对应的思想行为的调整和完善,我们如何看别人,实际上,就是看我们自己。

观察别人就是观察我们自己,见山是山,见水是水,是人生的第一个层面,好也好,坏也好,善也好,恶也好,阴也好,阳也好,都与我们自己有关,为什么有关呢?是因为我们对这些好与坏的认知、分辨、影响、影射和同融,相同的就融合,不同的就排斥,让万事万物的好与坏与我们有关系,或者直接影响或作用了我们,因为我们唯有这样,唯有这种感同身受之后才有可能破茧而出,从而梳理出我们在人格成长过程中所积累的习气反应,也就是自动化反应和习性思维反应。前者也叫自动化的体能反应,后者就是习性的思维反应,是为了让我们破茧而出。破茧而出是一个人从小累积的根性,或者说认知、个性、习惯,都是我们取舍万事万物的潜意识中的依据。它们在不断进行着角色扮演和角色替换,有时候也扮演着我们自己,以假为真,显示为我们自己的一种价值和取向,形成了性格,即所谓的一个假我。

很多人在问"什么叫人格,什么叫性格?"我们称之为"我执",自己欺骗自己,到最后认贼作父,认为一切假相都是真的,一切看到的听到的都是正确的,都是真实存在的,这不是认贼作父是什么?后来所有的逻辑、知识固化为自己的观念,甚至是概念来指导自己,这不是认贼作父是什么?自己不善于提升,不善于升级,也不善于净化,我们拿着这样的概念,拿着这样心里的一些痛点,拿着这样一些誓言去跟孩子沟通的时候,你是让孩子做孩子自己,还是要孩子来做你自己呢?

一些新闻里面报道"狼爸""虎妈"故事,什么"不要输在起跑线上",什么"择名校"等,这些都是片面极端的说辞,一些无良媒体跟着起哄,胡乱引导。商鞅"驭人之术"里说到五种术,如果你停留在五种之内还不自知,真是大悲!

第二个"看山不是山,看水不是水",他人的好与坏与你我有没有关系? 这个就是破茧而出,这个时候就体现在制造和反造的过程,实际上自然就领略"话中话,事中事,相中相",你会自然而然去追溯万物的起源,这个缘起的源头在哪里呢? 文字和语言其实没有任何意义,因为文字和语言是要表达文字和语言背后的思想的。比方说一个人通过说话来表达自己的思想,这个是核心内涵,一言一行,一举一动,都是为了表现和体现他内在的东西,这就告诉我们,一切的相都不是真实的,真实的本源是什么? 而且你感受到的本源,触动了你体内的那些本源的能量,自然就共融。

一个人可能做一些客观上你觉得好的东西,但主观上其实是通过这一手段达到他不好的目的呢? 这就是体现的一切的相都不是真实的,如果我们执着于大地上一花一木的外相,你就不会深究领悟到万物同源,生命同根的源起的内涵。

看山不是山,看水不是水的破茧而出,一切与你无关,前提是这个你已经不存在,第一个,一切与我有关,是因为有我的存在,也就是说自他兼容的存在,到了第二个阶段,一切与我无关,前提是我已经不存在,我不存在并不是说我的肉体消失了,而是我的惯性思维、自以为是的认知消失了。很多人一生就生活在"自以为是,自导自演,自作自受"的循环圈里,如已经不被外相的假相所迷惑,也不以以前的经历、学历包括知识所建立起来的洞察力和判断力,或者说是以自己的逻辑推理去判断外相,"自以为是"是对的,你的直觉,你的本能,你的感知能力往往是最真实的,哪需要赋予那么多美丽辞藻和语言去表述? 直接去深究,洞察,或者说直接去关注和留意语言背后的真实意义,表相背后的本质你已经就能够直达当中的究竟了。

我们有时候在跟孩子交流的过程当中,孩子说一句话,马上就被孩子那句话所绕,牵动了你的情绪,触动了你的痛点,然后就为了那句话层层地纠缠,孩子就为了你这句话也层层地对应,实际上早就偏离了本质了,我们打着爱孩子的旗号,我们了解孩子多少?终其一生有时候不借由孩子这面镜子来照见我们自己,反过来又拿孩子去塑造另一个我,假我的延伸,害人害己,什么狼爸,什么虎妈,什么择校,什么为孩子考虑,都是自私的自我延续,不承认这一点,你永远照不见自己。

在现实生活中,我们对自己的亲人真的是这样吗?我们的起心动念真的能如同身受,去感受他们的一切,与他们同喜同悲吗,同乐同苦吗,共同成长吗?是不是将太多自以为是的东西以贴标签的方式,强加给了他人?

一切到最后,还是看山是山,看水是水,一切与我无关的前提是,我不存在。一切与我有关,我相,一切与我无关,无我相,一切与他人无关,无人相,是本体我,而不是肉体我,思想我,当我们能冲破这两层关的时候,最终就回到了一切与我有关的时候,这是一个同体大悲,即身成就的过程。这个时候我执已经不存在了,真正达到了一种万物同融的境界,因为这个时候他就是你,你就是他,这个时候我已经变成"见山是山,见水是水",这个时候对于水的起心动念如同身受,与他同喜同悲,同乐同苦,共同成长。

第三章　真是为钱争吵吗

第一节　人生 AB 剧

当黎女士听说丈夫大李又推迟找工作的事情,她快疯掉了。尽管家里的财务问题加速了他们目前的危机,其他长期隐藏于他们生活中的问题,同样也造成了二人之间的裂痕。

黎女士虽然 44 岁了,但依然美丽。

黎女士说:我嫁给这个绝对是世界上最棒的男人快 25 年了。我很爱他,可是 3 年前大李的父母过世后不久他就辞职了,现在他不肯去另找一份工作。我害怕我们的婚姻快走到头了。

我是在大学毕业后的暑假认识大李的。我当时在零售店打工,我最好的朋友在和大李的表哥约会,因此通过他们,我和大李也认识了。我从我父母那里没感受到的被爱、被需要在他这里都得到了。

我还有一个姐姐,她是非常聪明的女孩,而我总是觉得我的学习要和她的一样好才行。可是我有阅读困难症,虽然在那个时候我们并不知道这一点。尽管我父母不会直接对我说"你没有你姐姐聪明",但我知道他们是那么认为的。

可是姐姐也并不快乐。在她十几岁的时候就被诊断患上了精神分裂症。父母对她和她的病给予了那么多的关注,而我是被忽视的。

我父母幸福的婚姻到我 12 岁的时候,因我父亲生意的破产而开始了争吵,难听的词语里总是因为钱的问题。

当我遇见大李,我毫无疑问地相信我们的婚姻和我父母的完全不同。我们约会了一年,在我 19 岁的时候订婚,20 岁的时候就结婚了。我们去泰国度蜜月,虽然在性生活上我们都没什么经验,但那仍然是非常美妙的一次旅行。事实上,我们的性生活很一般,可对我们来说,那并不是什么问题。我觉得我们好像有点属于无性婚姻似的。

不管怎样,我们婚后搬进了一个小公寓里,说实话,我们的生活非常完美。我们有一个美丽的女儿。当公寓变得拥挤,我们搬进了一个很不错的复式房子。在那儿,我们享受着典型的郊区式生活。后来,女儿长大了,上了大学,也结婚了。她住得挺近的。我开始感到生活有些无聊,于是当一个朋友建议我去她店里工作,卖网球服和其他运动服时,我非常乐意。至今,我已在那儿工作 3 年了,而且非常喜欢这份工作。

一切都很好,一直到大李的父母过世。先是他父亲,然后,几个月后,他母亲心脏病突发。她病了大概一年多,之后也去世了。

这些事情过去之后的某一天,刚刚从悲痛中摆脱出来的大李告诉我,他已经决定辞去工作。之前他在他叔叔开的一家公司已经工作了很多年,他的父亲也曾经在那里工作。大李说他打算管理他父亲的所谓的投资,并且寻找某样东西。引用他的话说"那让我成为我自己"。而且大李还坚持我们要搬进他父母的陈旧不堪的房子里住。

到现在快两年了,可大部分时间他就只是坐在屋子里,盯着电视看。他抱怨我电话打得太多,可是他一天都做些什么呢?他在炒股票!我觉得我们应该保证我们积蓄的安全,现在不是投机的时候。尽管我们这些日子的开销低多了,可我的收入也不够花的啊。一旦退休后怎么办呢?虽然我从没提起过这些,但我想我挣钱养家的这个事实让大李很沮丧吧。

几个月前,我和他说我打算卖掉这所房子,然后搬进一套公寓住。这儿需要维修的地方多如牛毛,而且我们也不需要那么大的地方。大李拒绝卖掉,他甚至不愿和我讨论一下。我总是很难猜出他到底在想什么,可现在他离我越来越远了。

快让我疯掉的是大李表现得好像我们没什么可担心的。我在这边为钱的问题担心,可是当我们出去和朋友吃饭,他会主动给所有的人买单!我们最近吵了很多次架,可是大部分时候都在兜圈子。10天前,我离开了家,住到了女儿那儿。我还怎么受得了他呢?

我气坏了。虽然我后来也回去了,难道这就是中年危机吗?

人生 A 面:

这个女士经历了什么,她最近的问题在哪里?是不是中年危机?

妻子为什么不问问大李想要什么呢,为什么大李做自己的时候她就受不了呢?如果说对金钱的不安全感来自她父母,父亲做生意出问题而导致父母的争吵,使得她的心理痛点被激活。这就是模式的延续了,痛点里的记忆还原。主角缺乏安全感,掌控欲望比较强,那她的模板来自哪里呢?

黎女士的婚姻生活是不是就是她原生家庭里父母的翻版?

偏听则暗,兼听则明。

我们来听一听大李是怎么说的。

"我就是不能卖掉那房子,"50 岁的大李说道。他个子很高,也很英俊,"我不介意维修它。在这座房子里,我觉得自己像个国王。

当然,这对我妻子是无所谓的,她担心的只是钱。我知道她的缺乏安全感源于她当年的父亲。可是,从经济角度看,这处房子是个很好的投资。房地产市场目前走低,可是我确信早晚会反弹回来的。只是需要耐心,需要等待。

看起来我没法说服黎女士不必惊慌。我们不可能成为富人,但我们有足够用的钱。如果我出去和朋友吃饭,偶尔买单会让我感觉很好。

黎女士总是那么兴奋。我曾经爱上她的活力,可是现在她只剩下焦虑了。有些时候我甚至没法忍受待在她旁边。现在这种生活,就是多年前当孩子们还小的时候我们所憧憬的,是该享受待在一起,享受旅游度假的时候了。

说实话,我对黎女士的工作并没有感觉不舒服的地方。我从小就被教育男人应该是家里的顶梁柱,即使现在我有点倒霉,但一切都会好起来的。而她最近简直狂躁极了,跑来跑去的,还总是打电话。有时候进门她都不会注意我。

我们以前从没像现在这么吵过。当然,我们也会就一些家庭常见小事争论一下,但我们从来没有过什么大的问题。这么多年来我们看到身边的许多朋友离婚,但我觉得我们的婚姻是天长地久的。

也许只是我这么认为吧。我已经有一段时间感到不快乐了。当我父亲去世了,事情就开始变坏;母亲去世后,事情更糟。

我的父亲从我叔叔那里得到了很多。我讨厌我叔叔这些年来对我父亲的傲慢,他也用这样的方式对我。可是我能怎么样呢?辞职? 带着妻子孩子?

毕竟,我从父母那继承下一些钱,还有这处房子。虽然从任何意义上讲都算不上一笔财富,可也足够我停下工作,花6个月时间想清楚我究竟想做什么,有什么不好的呢? 更何况女儿都毕业了,也都有自己的工作了。

确实,已经不止6个月而是更久,我已经在股票市场上玩了玩,在这方面还真做得不错,如果我可以这么夸我自己的话。以黎女士说话的方式,当然,你会觉得我在做什么投机倒把的事。

我并没有对我的生活感到恐惧,可是我不知道自己该怎么办。我无法忍受再回我叔叔那里工作。我一直想做我自己,可是,我不知道。

无论如何,我不需要黎女士每一秒钟都对我滔滔不绝地说:'你真懒,你没有动力。''你打电话问过这个工作吗? 你在报纸上找了吗?'

然后,上周,黎女士出走了,并且住到女儿家。那让我很难过。我爱我的女儿,而且我最真真切切感到自豪的就是和她的关系。现在黎女士去她那儿,谈起我,肯定会毁了我们的关系的。

也许是我们结婚太早。人人都会变化,会分道扬镳。或许我们经历的就是这样的情况。"

人生 B 面:

大李一直扮演着一个被照顾的小孩的角色,当父亲去世之后就开始糟糕,当母亲去世后就变得更糟,一下子不知道自己该怎么做了。原生家庭中,他是一个需要被照顾而且需要被父母宠爱的孩子。妻子做了审视化的母亲,但是妻子的这个角色跟他的相处模式是格格不入的,从某种角度上来讲,他的父母对他是顺从的,宠爱的,如果这个时候妻子也是用的他父母的那种模式,那么大李可能还是会继续享受着他的儿童化的自我。为什么他和他女儿的关系好?因为他和他女儿在一起是很放松的,玩的感觉。辞去叔叔公司的工作也是儿童态的表现,就是"你不对我好,我就不跟你玩了"。他没有做成人化的自我。妻子根本没有理解大李的原生家庭中他妈妈跟他到底是什么样的模式,包括一开始大李说自己像国王,就是在家里娇生惯养惯了,自我意识被大家经常关注,属于眼球中心,话语中心,一旦妻子像个检察官一样,大李就受不了了,如果妻子不能够调整跟大李的相处模式,那离婚是迟早的事。大李需要有一个依赖,但是不能依赖自己的女儿,也不能完全依赖妻子,因为妻子做的是一个严酷的审视化的父母。

个案分析:

黎女士的一句"难道这就是中年危机吗?",也许没错,大李的生活中出现了很多变化——他的双亲过世,他辞去了工作,孩子离开了家,最终他的妻子,那个一直对传统的郊区生活很满足的女人也突然开始工作,他感到丧失了能力;看起来是大李的中年危机给黎女士造成了苦恼,实则真的是如此吗?

黎女士内在的一个不安全连接形成的痛点成为了这次双方矛盾的激化点,在黎女士小的时候,一开始父母认为她没有姐姐聪明,面对姐姐的精神分裂症,她是被父母忽视的,得不到父母的关注,严重缺乏安全感,于是她就不断地异化自己,强化他人,形成了忧郁型人格。

黎女士异化自己,尽管无性婚姻也可以,这时,大李在家里做儿童态,儿童态的自我是需要被关注的。黎女士其实是用焦躁的、反复打电话来吸引大李的关注,这时黎女士小时候模板痛点再现了,她同样不能忍受被忽视。一开始大李对黎女士很好,是因为一直处在父母的关注下,做着丈夫的角色,而且这个角色,有父母在帮忙,其实看起来是大人的小孩角色,后来父母的过世,生活就出现了变化,因为失去了保障,真正的保障是那种优越感和眼球中心的被宠爱感。现在一下子没有了,大李接受不了,黎女士也就开始异化大李,这是忧郁型人格通过回避型人格释放能量。

黎女士遇见大李时,被爱、被需要的感觉得到了满足,她做了大李的母亲,角色倒置,在儿童态的大李那儿通过做他母亲的角色,感觉自己是被需要的,替代性满足了儿时需要得到父母关注的需求。这时黎女士异化自己,弱化大李,表现了依恋型人格的特点。

而又在她 12 岁那年,父亲生意的破产导致经济问题的压力,促使父母不断地争吵,黎女士将对缺乏钱的生活的紧张不安内化于心,成为她紧张焦虑的来源,成为她映射将来的底片,只要有同样的情况出现,她就马上调出这个底片,造成更加紧张不安的痛点记忆。大李的失业,就触动了她的这个痛点。她用自己出去工作,逼迫大李出去找工作等方式来减轻她的恐惧感,而大李不出去工作,她就会开始强化自己,否定他、放大他不好的一面,表现出来的人格模式是癔症型人格。比如说在我们生活中,日积月累的琐碎的事情的经历,也许我们已经忘却或淡化那些留自己潜意识里的情感意识,但我们知道若是没有经过碎片的清理,它不会消失,而是一直存在,只不过是被遮蔽起来,但是不等于消失了,就像家里的灰尘,盖起来,挡起来,却没有清理,来了一阵风,灰尘飞得到处都是。心理痛点也一样,当外在环境刺激到它时,它会将那个不安全的情感还原重现,如果痛点记忆不清理,永远都会障碍我们自己。

又由于黎女士从小就是被忽视的,她总是把自己的需求放到了一边,那么这些需求(不是黎女士不需要而是被迫放弃)将会累积得越来越多,伴随着女儿的独立,黎女士的精力更是少了发泄的渠道,而大李的失业让她对于钱的紧张程度加深,实际上是爱的需求没有被满足,那个曾被忽视的小女孩再一次出现,原生家庭里的原生态的不安的记忆就开始再现,现在的生活可能还不如那个时候,恐惧害怕不安,就会强化性投射到大李身上,这时忧郁型人格的能量通过癔症型人格向外释放。

黎女士对大李的抱怨、埋怨和要求,实际上都是她日积月累的琐碎事情经历的再次重复,这就是强迫性重复,当大李不按照她的指挥棒去表演的时候,她就会很痛苦,会用离家出走的方式来吸引大李的关注、关爱和重视,大李如果不了解黎女士心里怎么想,还在继续做他的儿童态,离婚最终是不可避免的。

黎女士的主体人格为忧郁型人格,辅助型人格为癔症型人格、回避型人格、依恋型人格。

在父母溺爱、过度保护的环境中长大的大李,他的眼中已经没有别人了,父母对自己的爱是天经地义的事情,当父母离去后,他需要一个像父母一样宠爱、保护他的妻子作为依赖对象,强化自己,异化他人,表现为癔症型人格。有着癔症型人格的大李,心理停留在少儿期的某个水平,强化他的弱势化的儿童自我,异化他的平行化的成人自我和审视化的父母自我,父母离世后,还是需要享受他的儿童自我。辞去叔叔公司的工作也是儿童态的表现,就是"你不对我好,我就不跟你玩了"。当他和他女儿在一起时,是很放松的,玩的感觉。弱化自己的父亲角色,强化他的儿童自我,与女儿连接的,癔症型人格的能量在偏执型人格中得到了释放,因此感觉到很放松。大李一旦受挫,就陷进了失败的心境里,矮化、弱化自己,异化他人,父母的离世使大李失去了那种优越感和时刻处于眼球中心的被宠爱感,大李接受不了,而且黎女士突然开始工作,感觉到自己被抛弃了,因为他丧失了工作能力,他没有做成人化的自我,弱化自己,异化妻子,到分裂型人格中去释放癔症型人格的能量。大李是很认同自己儿童自我角色的,需要时刻受到关注、重视,在妻子那儿被关注、被重视的需求得不到满足,他停下工作,在股票市场上玩,是在寻求那种被关注的感觉,当他觉得自己在这方面还真做得不错的时候,癔症型人格在追求型人格中得到了很好的释放。大李有对依恋的需求和对被遗弃的恐惧,也有对独立的需求和对被控制的恐惧,内心当中有深深的恐惧,这形成了回避型人格,当父母离世后爆发了。

大李的主体人格为回避型人格,辅助型人格为癔症型人格、偏执型人格、分裂型人格、追求型人格。

而黎女士根本就不了解大李需要什么,大李处于一种什么状态下。当一个被父母宠惯了的孩子突然失去了父母,妻子应该给予他什么?有时候我们在我们的另一半遭遇到家庭变故、亲人去世的时候,作为另一半,我们一定要给他再次疗愈的机会。所以,选择一个男人要看三代,选择一个女人看她妈妈就行了。原生家庭对一个男人的影响太大了,而女性很多时候情感大于理性,很多时候她的包容性,她的随意性,变化性都比男人大,可塑性比男人强,耐性也比男人强,所以普遍的女人比男人长寿。可见,不论我们多大,学会成为我们自己是一辈子都需要觉知的事。如果我们把原生家庭学的东西又丢到一边，那我们在新生家庭里又找不到源头了，又成了无源之水，那就是新生家庭跟原生家庭没有关系了？实际上是大有关系的，如果把这个割裂开来，我们就真的是自说自话，很多夫妻吵架就是在自说自话，每个人都在说自己的需要，每个人都看不到对方的需要，每个人都做着自己想做的那个角色，每个人都不愿意做对方想要她成为的那个角色。有人说"我不愿意被她塑造，我不愿意被控制"。关键是对方的需求你要去满足，因为你们只有彼此疗愈才能彼此成长。如果夫妻之间不能彼此疗愈，难道他们的使命就只有生儿育女吗？这个太狭隘了。

很多时候我们会不会因为他人的一句赞美便洋洋自得呢，会不会因为他人的一句谤言便怨恨嗔怒呢，我们自己的喜怒哀乐是不是被他人所左右了，自我就完全丧失了呢？

在婚姻关系中，我们很多时候在灾难化的思维模式下需要重复内心安全依恋的替代性满足，在习惯性思维模式下需要价值幸福感的重复性满足，以及在合理化思维模式及理想化思维模式下，由幸福感的需要缺憾造成的重复性补偿性满足。认知模式延伸到生活中去就产生了彼此空间既独立又融合的分界互利模式；彼此都认为自己有理，对方无理，还习惯性先给别人定性、定型，专找对方痛点反噬的跨界互害模式；补充欣赏、相互包容，互相滋养的临界互生模式。

学习是为了转化，如同将饭菜当中的精华变为气血，经新陈代谢，有益的部分保留，被消化的东西要及时排除清空，而不是拿着熟悉的知识形成一个自己的框子，自己没有消化好，再去拿框子去框他人。

我们只有点亮自己的心灯，才不受外界黑暗所左右干扰，才能将自我解放出来。

第二节　故事与思考

故事一。

有天在暴风雨后的一个早晨,有个男人来到海边散步,他看到沙滩的浅水洼里有许多被海浪卷上岸来的小鱼。它们被困在浅水洼里回不了大海了,虽然近在咫尺。被困的小鱼有几百上千条,用不了多久,浅水洼里的水就会被太阳蒸干,小鱼都会干死的啊。这个男人继续朝前走,他忽然看到前面有一个小男孩,走得很慢,而且不停地在每个水洼旁弯下腰去,他在捡起水洼里的小鱼,用力地扔回大海。

终于这个男人忍不住走过去说:"孩子,这水洼里有几百上千条小鱼,你救不过来的。"

"我知道啊",小男孩头也不抬地回答。

"那你为什么还在扔? 谁在乎呢?"

男孩回答:"这条小鱼在乎。"

这个男孩一边回答一边捡起一条鱼扔进大海,"这条在乎,这条也在乎,还有这一条,这一条,这一条……"

这就是无我布施。

思考启示:

这个故事告诉我们,学会如何去拯救生命。虽然心理学介入,心理咨询救不了世上所有的人,但是毕竟可以救一些人,我们可以减轻他们的痛苦。

当我们自己遇到我们身边的人,特别是我们的家人在这样的水洼里,离大海咫尺却回不了大海的怀抱,回不了故乡,回不了自信的时候,怎么办呢? 这个就是自度度人,无我布施。有时候,我们可能也是他人眼中的小鱼。

我们人的信息能量和宇宙的信息能量是相互对应的。我们的命运如何是怎么回事呢? 它是跟你对应的关系,你跟它对抗没有用。你对抗是你的后天意识和逻辑思维在跟先天的你不了解并且不接受的信息能量对抗。一旦觉察到了思维习性来自后天儿时的模板情结,我们如果还把模板情结放在中间进行自我研习,不进行自我隔离,那就成了刻舟求剑,就是把病毒无限复制和放大。"宇宙的正负能量之和为零"法则导致一个铁律,你付出越多收获越多;你收获越多,福分越少。这是能量守恒定律。有的人巴不得把世间财物尽归自己一个人所有,最后损耗自身的能量越多,福分就越少。

因果律真实不虚。一个人一生的烦恼多痛苦多,从全息的角度看,反映出这个人心灵上的丑陋。丑陋不可怕,我们修,并不是生来就丑。人生来光明。道的体相用,体是本体,就是我们的初心动机,或者说本质的规律。相就是自己把自己的意念对外投射,用就是作用于我们的内心,影响我们的言行。表现在生命的结构上是越完美,其外部的表相越美好。生命的结构缺陷越多,相貌就越丑陋。生命的结构缺陷仅仅是身体上吗? 不是的,生命是指身心灵的。

话语越多,口业伤害越重。身口意当中,身体意念话语,口业最重。如同一个管理不善的企业或者一台精度不高的机器,生产的量越大,精品越少,次品废品越多。被人厌烦是因为自己充满负能量的废话、牢骚话、伤人心的话太多。这个话语越多,是指不是正能量的话语越多,伤害会越重。适时的鼓励,适当的赞美,适度的引导,这样的话语越多,德行越好。有些人写的文章文字,满满的都是伤害,都是对他人的不尊重。传播邪淫负面的东西,引起刺激人的欲望、邪行、贪心的文字,没有一个下场好,包括八卦他人的,真实不虚。

宇宙当中有个吸引力法则,心灵越美,未来越美。心灵越美好的人,起心动念都是站在积极、正面、乐观、光明的这一面,所以吸引的都是美好的事物。心灵丑陋的人总是站在消极、负面、悲观、黑暗的一面,所以麻烦、痛苦、不幸、祸患总与他相伴。知道了吸引力法则,我们会怎么去做呢?相信答案都在每个人心中。

宇宙的平衡机制反映在现实当中是拥有越多,烦恼越多。你让老虎的背上长翅膀,看起来老虎能跑能飞,但是不会让它得到幸福。因为太极原理告诉我们,矛盾是一个对立统一体。一个事物必定有一个对立面与之如影随形,均衡就好。世界上很多人我执越强,离道法越远。总认为自己正确的人,是离道法最远的人。越是执着于自己的见解观点的人,越是不明白道理的人。越是与人争辩的人,越是头脑不清醒的人。因为道的公正性决定,越走捷径,路途越远。任何一个生命绝不能让你凭空得到什么,必须严格按照道法的机制来运行。任何违背道法运行机制的人,必然会受到制约甚至惩罚。

不管是一个人,一个群体,一个社会,一个国家,都是这样。越想走捷径,越会远离目标,很容易犯下极大的错误。

人愤怒的瞬间,智商是零,一分钟后恢复正常。人的优雅关键在于控制自己的情绪。用嘴伤害人是最愚蠢的一种行为。我们的不自由,通常是由于来自内心的不良情绪左右了我们,其实与他人无关。当你观察他人时内心所起的反应,就是你观察自己还有不良模板在起作用的关键时机。一个能控制不良情绪的人,比一个能拿下一座城池的人更强大。"静水深流,水深则流缓,语迟则人贵"。人贵话语迟。我们从小花两年时间学说话,却要花数十年时间学会慎言。

怎么说是一种能力,如何说是一种智慧。

故事二。

有大、小老婆两个人,各自生了一个独子。有一天,小老婆的独子车祸往生,小老婆非常难过,哭得死去活来。旁人对她说:"别哭了,人都走了。不然看你还能不能再生一个?"小老婆回应说:"来不及生了。我不是因为我儿子死掉而伤心,真正让我难过的原因是大老婆的儿子还没死,怎么是我儿子先死?死错人了!"

此事被大老婆知道了。她想:糟糕,跟这个小老婆住在一起,搞不好我儿子随时会被做掉。于是赶快搬到另一个城镇去了。在那之后,小老婆一样闷闷不乐,无时无刻不在打听大老婆的儿子现在怎么样了。有一天,有人告诉她:"我看到某某人从她家里抬了一副棺材出来,死掉了哦!""真的吗?"打听之后,她说:"高兴啊,生病死了啦!"她的痛苦竟然因为对方死掉而转为高兴。

思考启示:

这个实例告诉我们:有时我们的难过并不是真的为了某件事本身,往往是因为嫉妒而沦为痛苦者。如果因孩子没了而更加疼爱对方,更加珍惜对方,家庭一定会很好。

在婚姻生活里,如果经常地晒幸福,选择性地去高调,就要懂得当你红得让人流口水的时候,关于你的口水就会多起来,流言是写在水上的字,虽然注定不持久,传起来也飞快,但流言一定止于智者。真正的美丽不是青春的容颜,而是绽放的心灵。

要懂得:不怕被人利用,就怕你真的没用。不必好奇别人如何评价你,想想你是如何评价他人,也无须幻想天上掉下馅饼,改变现状,因为天上有个馅饼,地下一准有个陷阱。有的人在笑中忘记了怨,有的人在怨中忘记了笑,都在二元对立当中,忘记了去创造平衡,忘记了悲喜都是常态,是会转化的。

在婚姻生活里,如果你没有让家人有成就感,你就得面对因为平庸而没有朋友和家人以及他们对你的淡漠。如果你有了卓越的成就,就不得不面对家人和朋友间的距离感和失重感。距离之所以可怕,是因为不知道别人对你是想念还是忘记。这样许多人犯的最大错误是对陌生人很亲密,而对家人很苛刻。我们不能忽略这样一个事实,爱情经得起风雨,经不起平淡;友情经得起平淡,经不起风雨。为你的难过快乐的是敌人,为你的快乐而快乐的是你的朋友,为你的难过而难过的人,是该放进心里的人。有人对你好,是因为你对他好,有人对你好,是因为懂得你的好。不管爱情还是友情,终极的目的不是归宿而是理解和默契,找一个可以边走边谈的人,无论什么时候,无论怎样的心情。不去指望所有的人都懂你,鱼与熊掌不可兼得。

身空心静,云淡风来。

改变婚姻,工作,人生的三个密码是:一、包容接受;二、提升改变;三、放下离开。

我们需要首先接受自己,改变环境。影响力达不到时,改变不了环境,就只有自我转化,然后再离开,找寻新的方向,调整自己。

命运皆有定数,张狂不得;婚姻皆有来历,错乱不得。

大德的话:第一,势不可使尽。第二,福不可受尽。第三,规矩不可行尽。第四,好语不可说尽。何故?

好语说尽人必易之。规矩行尽人必繁之。福若受尽缘必孤之。势若使尽祸必至之。

第四章　相爱为何变陌生

第一节　人生 AB 剧

结婚十五年了,马先生和张女士却感觉他们之间的差异远远多于共同点,究竟发生了什么事使两个相爱的人越走越远呢?

人生 A 面:

张女士:"我嫁的这个男人是谁呀?"

40 岁,身材高挑、表情严肃而不悦的张女士问道:我先生刚刚和我庆祝完我们的结婚纪念日。可我仍然觉得自己好像不认识他似的。我还敢肯定他也一样不认识我。

一方面,我的丈夫是一个幽默而充满快乐的人,总是可以带来笑声和快乐的时光。他有很多的朋友,每个人都认为我嫁给这样一个风趣的人是三生有幸。可如果让我先生喝上一两杯,他的另一面就显形了。他会对我暴怒,还会劈头盖脸充满愤恨地用残酷而尖刻的侮辱之词骂我。

我先生不经常喝酒,并不是个酒鬼,可只要他一沾酒,我就该为接下来即将发生的事向老天祈祷了。一旦我们离开了人群,这个好好先生消失了。我先生摇身一变,成了一个刻薄的人，指责我吝啬、唠叨、坏脾气等，只要是想得出来的恐怖的形容词都用上了。我们一回到家，我就把头埋到枕头里哭，感到自己真没用。可是到了第二天早晨，我先生又变回那个阳光的他了，为了醉酒的事而满口的道歉之词。可当我试图和他讨论前一晚上的事情时，他拒绝承认发生的任何一幕。

我爱上我先生是因为他有着丰富多彩的生活。我的家庭一向视责任重于快乐。我的父亲，是一个建筑商，收入足以支撑家庭，以至于母亲根本不用去工作。父亲给她钱让她来管理家庭，我甚至认为她从来不知道他们银行里有多少钱。我的父亲是很严格的自律者，我的姐姐和我也总是表现得很好。

对于我父母的私人关系我知之甚少。我现在想来觉得他们之间或许存在些问题吧，可是他们从不表现出来。在我十几岁的时候，他们曾经分居过三年，可那也只是我的猜测，因为父亲那时也是因为工作的需要而离开的。爸爸妈妈从不吵架。我只记得一次争吵，是在一次晚餐上，妈妈站起来，绕过桌子，给了爸爸一个耳光。我永远不会忘记看见她做出如此非常态的事情时内心是多么的惊诧。

我的高中时代很愉快。随后读大学，可是很快弃学而找了一份办公室里的工作。我并没有什么特别的事业目标。我真正想要的就是成为一个家庭主妇和母亲。

在我 19 岁时，我嫁给了我的一个好朋友的哥哥。那真是件愚蠢的事情——我爱上了爱情，而非那个人。虽然我很快意识到我犯了个错误。可还是相信有了孩子生活会好起来。三年过去了，可我并没有怀孕，我的婆婆很随意地提起他儿子没有生育能力。他原来一直都知道这一点只是从来没告诉过我。那之后，我没有任何理由再和他继续生活下去了。离婚两年后，我现在的先生走进我的生命中。他是我所就职的那家公司的销售员,我对他一见钟情。可是他结婚了,虽然他和妻子处于分居状态,我还是觉得我们不应该在一起。我鼓励他应该再给他们的婚姻最后一次机会,可努力的结果还是失败的。当他最终成为自由人时,我们结婚了。

我说不出我对这次婚姻有什么期望。我只是知道我希望它比实际要更好。当我回头看过去的 15 年时,我感觉我们一直如履薄冰。除了养了两个孩子,我们没有任何东西可以表明我们在一起这么久了。

首先,并不是我期望的那样富有。我知道我丈夫要对他前一次婚姻的孩子负责,我也从没有因为他将收入的几分之几拿出来给他们而和他争吵。我憎恨的是他没有能力去调整自己的生活方式来抵消那些开支。

虽然我先生不会承认,可我们的生活的确是紧巴巴的。他的收入从不是稳定而连续的,虽然他事业上的很多问题的确不是他的错误造成。他开始做一件有前途的生意,可是仍然行不通,他的合伙人不可靠。我没有责怪他,可他倔强地拒绝承认我们的生活现状,这让我感到非常气愤。当家里很需要用钱的时候,他怎么可以期望我们每周几个晚上都和朋友出去用餐呢?

我在几年前就为了摆脱窘境而重新开始工作。我的工作都是些无聊、枯燥而报酬不高的办公室工作,我只能胜任那些。可是我先生对我的努力视而不见。很多晚上我准备好了晚餐他根本就不回来吃,连个电话也不会打回来告诉我一下。

我不认为我们的婚姻对于我先生有任何意义。我希望我们可以一起花点时间讨论一下对彼此重要的事情,可是我先生却想每个晚上外出社交应酬。当我试图和他谈谈我们婚姻中的问题时,他却表现得仿佛我在对他讲外语一样。

我并不想离婚。我先生和我已经将彼此生命的大部分注入给对方,如今已经分不开了。可是每当想起我们要像过去那样再走过接下来的 15 年,这让我更难面对。当孩子们回到家的时候,我会感觉不一样。扮演一个母亲的角色让我更自信也感到更安全。可现在只剩下先生和我了。我感到如此的不满足而且空虚。我们的婚姻现在是我能感觉到的全部——而它并不够。

人生 B 面:

46 岁有着一头白发却不失英俊的马先生很和蔼地说道,我是一个风趣的人,对于生活的态度是顺其自然。

父亲也是这类型的人。邻居中所有的年轻人都喜欢他。他会带着我们一起去郊游、燃篝火、给我们讲恐怖故事——他就像我们中的一个孩子一样。担起生活重担的是我的母亲。

我的父亲是一名挖掘机操作员,在一个水坝建筑工地工作。每六至八个月他会被调到一个新地方。我一度换过 24 所不同的学校读书,直到母亲最终决定停下来,声明她已经厌倦搬家了。从那时起,我和几个兄弟就只能在周末才看到父亲了,母亲则掌管了全家。

从孩提时代,我就有一个很大的梦想——成为一名医生。高中毕业,我应征入伍,参加了海军,在那儿我接受了训练,成为手术室的技师。在一次战争中,我做了一名外科医师的助手而且比很多医生还胜任。在退伍后我打算成为一名医生。计划最终没能实现,我也只能怪我自己。

因为我结婚了,我的妻子也很快就怀孕了,不得不放弃工作。那时在夜晚和周末,我做过各种各样奇怪的工作,我们还向父母借钱,可是账单还是渐渐堆成小山似的。

我的信心不断下滑。我将缘由归咎于经济压力,可说实话,那仅仅是问题的一部分。

我终于找到了一份销售办公用品的工作,而且做得很好。我们的经济条件得到了改善,可是我们的婚姻却没有。妻子不停给我压力,我甚至在晚上想到回家就忍受不了。后添了孩子,也添了更多烦恼。我们俩都很可怜,最终决定分居。

也正在那时我遇见了张女士。她很高也很庄重,看起来很舒服的感觉,而且能够抚慰我的精神,不像妻子那样专横。在张女士的要求下,我找到妻子,想给我们的婚姻最后一次机会,可那仍然让我很难过。直到现在我仍然常常为把孩子都丢给妻子而感到内疚。

张女士坚持认为我们没有什么可以拿出来证明我们一起走过的 15 年岁月。她想要什么呢?一栋别墅吗?我们有两个好孩子,许多朋友,值得回忆的快乐时光,还有健康的身体。

在经历了与我前妻不断争吵的地狱般的八年,我决心让这一次的婚姻不一样。我为我兑现诺言而感到自豪。张女士并不是最容易相处的人,可我试着去忽略消极的一面而将注意力集中到积极的一面来。当她对我的性需求不理睬的时候,我也只是笑笑就忍了。如果她不喜欢出去参加酒宴,我就自己去。张女士是一个自我可怜者。每当她开始她的"可怜的我"的抱怨时,我只是充耳不闻。

张女士一个很重要的抱怨是我有时在参加派对后会变得吵闹而粗暴,而且会说出一些平时最好藏起来不说的话。我偶尔的确会那样,可是我总是会道歉。一个男人在多喝了一杯后,怎么能要求他对自己说过的每一个词语负责呢?能吗?

个案分析：

日复一日的时光当中，我们在新生家庭里不断重复地是我们习得固化的人格模式，重复的是原生家庭中父亲和母亲的互动模式，父亲和母亲的互动模式被我们习得沿袭并继续重复，或者是重复我们和母亲的这种互动模式，或者是重复我们和父亲的这种互动模式，要么是交叉重复，要么是相互重复或针对性重复，或强迫性重复。

案例中，张女士讲到马先生"只要他一沾酒，我就该为接下来即将发生的事向老天祈祷了。一旦我们离开了人群，这个好好先生消失了。我先生摇身一变，成了一个刻薄的人，指责我吝啬、唠叨、坏脾气——每个他能想得出来的恐怖的形容词都用上了。"这时，马先生认同自己的角色身份的，强化自己，异化他人，表现为癔症型人格。为什么马先生只要一喝酒就变成一个刻薄的人呢？马先生讲到他的父亲是一个挖掘机操作工，而且是六个月就要换个地方，搬了 24 次家，在这个过程中整个是在重复他妈妈的抱怨指责。他妈妈曾疲倦地说，我不想再搬了，平时就说明她没少对马先生的父亲唠叨、发坏脾气，甚至不愿意在其父疲倦的时候给予犒劳。为什么马先生平时不指责非要在喝酒之后呢？因为酒后他才能做真实的自己，把真实的想法借酒表达出来。喝酒有两种，一种是借酒压抑自己的某种情感，还有一种是借酒来释放情感，而马先生就是跟父亲一样是第二种方式，借酒后指责，发泄压抑的情感。一旦酒醒之后又变回了那个阳光的他，为了醉酒的事而满口的道歉之词，这时，马先生实际上是不认同自己的角色身份的，弱化自己，异化他人，表现为孤独型人格。从人格模式来看，这种弱化性强化的孤独型人格，酒后对他人攻击的强化性异化的癔症型人格，马先生将父亲的这几种人格完全进行了成功地复制,并在现实家庭生活当中继续重复这样的病毒传播!

再来看张女士的家庭关系,"分居三年,爸爸妈妈从不吵架。我只记得一次争吵,是在一次晚餐上,妈妈站起来,绕过桌子,给了爸爸一个耳光"。一个男人能接受在家庭里给他的耳光应该跟背叛这个女人有关,或者说违背了他们婚姻的契约有关。张女士的父亲违背了这个约定,另一方为了表达对方破坏这个约定的愤怒产生了这种攻击性行为。张女士真正想要的是成为一个家庭主妇和母亲,弱化自己,强化丈夫在家庭中的作用。有着孤独型人格特质的母亲是不工作的,他们家完全是她父亲在撑起这个家庭,而且她母亲作为这个家庭的主妇、孩子的母亲的角色对张女士三观和她心目中理想的生活方式的影响太大了,她发誓要成为母亲这样的人。母亲很少工作,也控制了整个家庭,还能打她父亲耳光,但她在现实生活中不是这个样子,当丈夫在喝酒后攻击她,这时丈夫是在异化她,她会很痛苦;酒醒后的丈夫又给她带来了很多安慰,为什么呢? 因为这时丈夫是在强化她。张女士说:"我并不想离婚。马先生和我已经将彼此生命的大部分注入给对方,如今已经分不开了。"异化性异化,启动了她的回避型人格。其实这是张女士一厢情愿的想法,马先生随时可以离开她。她为什么不愿意离婚呢? 因为她的母亲即使知道了她父亲违背了契约打了他耳光但并没有跟她父亲离婚。她前面的离婚一是没有孩子还有就是她"爱上了爱情而不是人",也就是说她爱上了自己理想中的生活方式,她以为那个人能够带给她,实际上不是那么回事。

我们可以看到,原生家庭的这种病毒式的人格复制和人格重复带到每个人身上的习性反应是如此顽固,最后很多形成了固化思维，没有办法改变了。张女士完全被原生家庭母亲的人格模式同化，弱化自己对人格的丰富和发展，形成了古板型人格的特质。

马先生的父亲是有着儿童般习性的自我："他会带着我们一起去郊游、燃篝火、给我们讲恐怖故事——他就像我们中的一个孩子一样。"他为什么很想成为一名医生呢？这个跟他原生家庭当中母亲的病痛，跟他小时候受到的刺激性事件有关。

他的第一任婚姻让他没有信心过好未来，放弃之后，他遇见了张女士，张女士实际上有点像他母亲对他父亲的方式，母亲在家里掌管全家，父亲是家里的提款机——经济保障。他感觉到张女士像是能够抚慰他的精神，不像他的前妻那样专横。从某种角度上来讲，他的母亲如果专横地对待父亲，他是不会喜欢那种专横的妻子的，尽管情感上不喜欢但他的行为上又会仿同，又会接受这样一个像母亲一样的人来做他的妻子，异化性同化，有反社会型人格的特点。这时候张女士的出现，强化性映射了他内心当中对母亲的这种角色和习性的认可，有强迫型人格的特点。很多时候，张女士在家庭关系中属于自我可怜者，即处于自虐的角色中。关于这点，他是充耳不闻的，自虐受虐如影相随，因为他酒后每次都会对张女士进行虐待，强化性异化，有癔症型人格的特点。二人在一起生活了 15 年，但双方都没有能够容忍、理解对方的个性。张女士觉得马先生的社交行为是无节制的，为什么无节制呢？这个与张女士的家庭关系，跟她父母之间的相处模式、社交模式是有关系的。马先生认为她是冷漠的、让派对扫兴的人，他为什么要出去交往呢？基于其人格上的向外求认可的需求，有人天生喜欢往各种人堆里挤，因为他需要寻求外在的认可，尽管只是在刷一种存在感，不见得有多少人对他感兴趣,但他可以拿着这种聚会回来分享他的重要性。

张女士和马先生都有癔症型人格的成分,也有偏执型人格的成分。他们都有各自完美的一面,而这样的完美阻止了他们分享和自我剖析。比如马先生,他总是戴着一个小丑面具,受他那个愉快却内心软弱的父亲性格影响而形成。比如说,保持大笑你就不会注意到是什么伤害到你,这形成了他的内在誓言。马先生压制自己的情绪:对他第一个唠叨的妻子充满了敌意,对张女士说出是多么烦恼时充满了愤恨,他还对自己生命中感到失败的事感到内疚——他失败的第一次婚姻,他半途而废的想当医生的梦想,他无功而返的商业投资。他的好好先生的形象对于他太重要了,所以他在大多数时候成功地压制了他的感受,但当他的控制力被酒精放松了的时候,一切都会突然浮出水面。然而张女士扮演着为博得同情而自我牺牲的角色。张女士没有真正地理解他,也没有真正地跟他合作,也没有真正地产生支持。张女士的父亲一直是她家里的顶梁柱和权威,她会将马先生随意对待生活的态度看成是不负责任的信号,而且她会有一种母亲打她父亲耳光、她隐约知道她父亲背叛了她母亲的景象在她身上重演的害怕和恐惧,所以她极力地反对他出去派对,当张女士感受到马先生是在用一种狡猾的方式刁难她的时候,她就用否认的方式来报复,比如说她拒绝与他过性生活,所以他们错误地认为美满的婚姻中双方一定是以相同的方式思考和感受的。

从人格模式来看:马先生有孤独型人格、癔症型人格、偏执型人格、强迫性人格、反社会型人格。张女士有孤独型人格、癔症型人格、偏执型人格、回避型人格、古板型人格。其中的一种是主体人格,另四种是辅助型人格。(——理论参考陈公著《人

格模式心理学》)

实际上,在婚姻中学会包容,学会接纳自己,接纳不同点,从差异中找到关系中的乐趣,才是新生家庭中的和而不同!

思考启示:

资料显示:2014 年有 10402 对夫妻劳燕分飞,日均达到 28 对。想象中的婚姻和真实的婚姻有差别,失望和破灭是导致离婚的诱因。

想象中的婚姻:结婚后,就不会对任何人心动。

现实中的婚姻:这属于幻想。科学研究表明多巴胺的浓度高峰平均不到 30 个月,你和你的伴侣依然会遇到让自己心动的人。如果要放弃这种诱惑,只能依靠平时的积累。你们对于彼此相互的关怀与帮助,增加了放弃婚姻关系的难度。

想象中的婚姻:结婚后,女孩子终于有了依靠。我生气了,他会哄我。我孤独了,他会陪我。我烦恼,他也会听我倾诉。我不工作,他也可以养活我。

现实中的婚姻:每个人在一段关系中都是独立的个体。夫妻、父子、兄妹、朋友都一样。譬如,你遇到烦恼的时候,他正好在工作,你打个电话说个没完,这会让双方的情绪更坏。

最好的选择是,遇到烦恼先自我消化,等到对方有心情有时间听你倾诉,你再说。你要明白一个道理,即使两个人白头偕老,也有一个人要先离开人世,剩下的一个人依然要独自面对生活。

想象中的婚姻:结婚后,尽快生小孩。早生早好,迟早都要生。

现实中的婚姻:如果你跟你的另一半还没有做好要小孩的准备,就不要为了父母的意见着急要孩子,也不要因为年龄的关系忙忙怀孕。请相信一个新生命的到来绝对是人生当中最大的一件事！绝不是添一双筷子那么简单的事。问问自己即便是没有财力的保障也能把他/她教育成一个优秀的人吗？

想象中的婚姻：结婚后，可以接受和对方的父母住在一起。爱他就要爱他的家人，包容对方的一切。

现实中的婚姻：社会关系应该是以夫妻关系为本位的，两人结婚之后是一个独立的小家庭，夫妻二人才是彼此的依靠和保障，而不是父母或孩子。基于这个情况上的夫妻感情和大家庭关系才是健康有序的，才不会出现婆媳交恶，翁婿交战这些不可思议的问题。切记一个家只能有一个女主人。

想象中的婚姻：嫁个有钱人，少吃十年苦。娶个白富美，少奋斗十年。

现实中的婚姻：如果你需要钱，你可以嫁/娶一个富有的人，但不要把财富当作唯一的标准。还要记得他/她的钱只有他/她才有支配权，想想《昼颜》里的丽佳子。

想象中的婚姻：老婆会照顾好家里的一切，会做好饭，洗干净碗，熨好衬衣，把房间打扫得明朗整洁。时不时地还会切个水果，送到我的电脑旁。

现实中的婚姻：你找的是老婆，不是妈，也不是保姆。都什么年代了，扪心自问一下，她的工作比你轻松吗？她面对社会的压力比你小吗？没有她的工资你们的家可以正常运转吗？

如果都是否定的答案，她为什么回来还要独自扛下家务事呢？要知道，她和你结婚的时候，你一定说过这辈子要好好照顾她的话。

想象中的婚姻：我看上了一条价值半个月工资的裙子，他就会偷偷买下来给我惊喜。我们每年都要出去旅行，每个周末都要去高级餐厅吃烛光晚餐。所有的节日，我都会收到珍贵礼物。

他会把工资卡给我，我想怎么花，就怎么花。

现实中的婚姻：婚姻关系从某种程度上来说，更像是合伙人关系，家庭是你们的项目，如何让这个项目收入大于支出是首先考虑的。你们必须有一个家庭账户，以防不备之需，一个家庭要面对的开支会比一个人更多。想怎么花就怎么花的观念只能让你们喝西北风。如果一个男人跟你说剩下100元给你买90元的衣服，还剩10元吃饭，那么这个男人没脑子。

想象中的婚姻：天啊，想到以后和可人儿在一起就感到幸福。身材好到爆，穿衣服也很潮，说话也很有趣，不管他做什么都觉得很可爱。

现实中的婚姻：这是一个很平常的生活场景。你也会一睁眼，发现他有眼屎和口气。所以，婚姻是会让你的爱人褪去光环的，你准备好了吗？

想象中的婚姻：我生气了想说什么就说什么，反正夫妻都是床头吵架床尾和。吵架解决不了问题的话，就冷静一下，来一场冷战好了。看谁敌得过谁。

现实中的婚姻：讲狠话确实很过瘾，但是真的很伤感情，不会说完就完了。你说一句狠话，对方会有一句更狠的话回敬你。如此恶性循环，几乎不可能理清对错。冷战是更恶劣的选择，因为冷着冷着可能就真的冷了。冷到最后，会分开吃饭，分开睡觉，分开消遣。没有任何一段感情，经得起面对面的冷漠。

想象中的婚姻：每个人都有不完美，如果他爱我，结婚后他自然会为我改变。不是说，婚姻是两个人的磨合吗？必须有改变吗？

现实中的婚姻：先问自己，能不能为了他改变自己的某些习惯。比如，他喜欢周末在家吃饭，然后一起爬山，然后回家一起做简单的晚餐。吃完饭,他可能想玩一下游戏。而你希望的是周末出去吃一顿,然后逛街,逛完街再挑个有情趣的小店吃一餐,接下来是一场电影。

谁来做妥协?谁来磨合谁?不要想着去改变一个人,只能思考如何愉悦地求同存异。

当然,婚姻不是坟墓,也绝不是天堂,婚姻是战略互惠性合作伙伴关系,婚姻还是铁打的家长里短,流水的日子中,且行且珍惜。

第二节 故事与思考

故事一。

有一位信者问无德禅师道:"同样一颗心,为什么心量有大小的分别?"

禅师并未直接作答,告诉信者道:"请你将眼睛闭起来,默造一座城垣。"

于是信者闭目冥思,心中勾画了一座城垣。

信者:"城垣造毕。"

禅师:"请你再闭眼默造一根毫毛。"

信者又照样在心中造了一根毫毛。

信者:"毫毛造毕。"

禅师:"当你造城垣时,是否只用你一个人的心去造?还是借用别人的心共同去造呢?"

信者:"只用我一个人的心去造。"

禅师:"当你造毫毛时,是否用你全部的心去造?还是只用了一部分的心去造?"

信者:"用全部的心去造。"

于是禅师就对信者开示道:"你造一座大的城垣,只用一个心;造一根小的毫毛,还是用一个心,可见你的心是能大能小啊!"

思考启示:

大道规律体现在生活工作上,把握好才能够事半功倍,灵活融通。

比如说话:急事慢说,事缓则圆。小事,幽默地说,事半功倍。没把握的事谨慎地说。没发生的事,不能胡说。做不到的事,不能乱说。伤害人的事,决不能说。伤心的事,不要见人就说。别人的事,小心地说。自己的事,多听别人怎么说。尊长的事,多听少说。夫妻的事,商量着说。孩子们的事,开导着说。

比如生活:我们需要学会给予;学会理解;学会坚强;学会分辨;学会自重;学会珍惜;学会承担;学会成长。

人生有很多不如意,无须执着,世界不会迎合你,地球不是为你而转,所以,看得破,放得下,不跟他人抢道具。放得下东,拿得起西,才会有一碗饭吃。

万物非我所用,非我所有,一切本来就不是你的,所以也就没什么要放下的,学会放下,就会运用自如。

故事二。

桂琛禅师去参访玄沙禅师。

玄沙问:"三界唯心,你是怎么体会的?"

桂琛指着椅子,问:"你叫这个是什么?"

玄沙回答:"椅子。"

桂琛说:"那你还没有领会三界唯心的真义。"

玄沙于是改口说:"我叫它作竹木,那你叫它什么?"

桂琛说:"我也叫它竹木。"

思考启示:

人对事物的认知有三个境界。要想提升生活的境界,就要先提升认知的境界。

我们对事物的认知,最初仅止于表象或名相,譬如说那是"椅子"或"床铺",这是第一境界。但椅子和床铺即使外观、功能有别,却都是"竹木"所造,能看出事物表象背后的共通本质,是认知的第二个境界。

六祖惠能在抵达法印寺时,正值黄昏时刻。晚风习习,吹动着寺里的一刹幡。他听到两个和尚在争论。

一个和尚说是"幡在动",另一个却说是"风在动",彼此争论不休。

惠能说:"能不能让我这个俗人参加两位的高论? 我觉得这既不是幡动,也不是风动,而是你们的心在动。"

风吹幡动,说"幡在动",这是只看到表象,是认知的第一境界。但不只幡动,附近的柳枝也在动,说"风在动",点出它们共通的原因,是认知的第二境界。但归根究底,看到幡动、柳枝动,知道风在动,都来自心的观照,也就是"心在动",这是认知的第三境界,也是认知的最终本质,所谓"三界唯心"是也。

不同的认知境界,会影响我们对事物的解释,进而左右我们的应对和处理方式。当你觉得不对劲,而想要有所改变时,如果你认为那是"幡在动",那你就会想去改变幡;如果你认为那是"风在动",那你就会尝试去改变风向;如果你认为那是"心在动",那你就必须去改变你的心。

禅,直指本心,告诉我们应该认识什么、知道什么。

第五章　家人间的相处模式

第一节　人生悲喜剧

我和老公的相处模式。在我和老公的关系中，我一直是处于要求被重视，要求被爱，要求被认可的状态。如果他满足我，我就高兴，我们就会相处得很融洽。如果他不满足我，我就会生气，以此来获得他的关注和爱。老公一般也做得比较好。因为当初谈恋爱的时候，就是他执着地追求我，在他的心中我非常美好。因为他的真诚，我们一直走到了结婚。也许当初就不那么平等，我一直就是享受被爱的那一方，所以这种相处模式就固定下来了。在我的原生家庭中，我是属于特别缺爱的那种，又一直非常自卑内向，自闭了很多年，特别害怕与人交往，所以内心是一种弱势化的儿童自我状态，完全没有成长起来。我认识老公以后，他满足了我对爱的渴求，满足了我对被关注被认可的渴求。所以我觉得自己很幸福。我除了一直索爱以外，对老公还是非常好的。我也关心他尊重他（在我不任性生气的时候），我也算一个贤妻良母，照顾好家人和孩子。

我和老公的相处模式是父亲和孩子的模式，包容与被包容的模式。也许老公并不希望扮演我的父亲的角色，也许他也并没有意识到。我最近几年上班比较轻松，公公婆婆也住在我家，孩子也读寄宿了，所以我既不要做饭也不要管孩子，基本的家务婆婆也做完了。所以常常下班的时候不急着下班，要拖拖拉拉很久才离开办公室。老公一般会在下班的时候给我打电话，问我走了没有，催我快点回家。有时候，老公没打电话，我就一直赖着不走，等他催我。我还要任性说，不想回家，心情不好什么的，有时候还骗他说晚上要出去和同事聚会，看他着不着急。当然，我这么内向，我其实一点也不喜欢出去玩，所以一般还是会乖乖回家。我想，我只是想享受老公关心的感觉。如果确实心情有些低落，我就会说，我想晚些回家，让他不用着急不用等我。他就会很担心说，主动开车来接我回家。坐到公交车上，我打电话给老公，告诉他我快到家了，他一般会主动提出来到公交站来接我。然后我们一起步行回家。我喜欢这种感觉，但是我一般不会勉强他，如果他不主动提，我也就算了。

刚结婚那几年，老公每天都要打几个电话给我，中午打电话问我吃饭了没有，催我去吃饭，晚上催我早点下班。还有我有个习惯，就是很倔强任性，觉得自己的想法和观点就是对的，要老公一定要认同我的，否则我就会生气，斥责他。老公可能都有些被我搞得没办法了。曾经就有人跟我说过，我和老公之间，其实不平等。以前我没意识到，后来我有意地改掉这个毛病。我知道这样不好，男人要像个男人，男人应该有地位，不应该活得窝窝囊囊的。我会刻意注意自己说话的语气，会柔和一点，在孩子面前多夸奖他爸爸。说话的时候，有意无意地抬高丈夫的地位。比如说，爸爸是家里的顶梁柱啊，爸爸很能干，很优秀啊之类的。也不知道有多少作用没有。有一次，因为一点小事，老公有点生气故意说："到底我是家长还是你是家长?"我说："你是家里的老大呢,没有你不行。"平时,请他帮点小忙,也会说谢谢。主动帮他倒茶,倒洗脚水,拿睡衣什么的。老公照顾我也许成了一种习惯。比如我们一起到附近的小店里去吃早餐,我就坐着等,老公就会在摊子前面站着,等粉下好了就端给我。其实我觉得自己可以端,并不需要他这么周到,可是他自觉地做了,我也就坐享其成了,说声谢谢。我比较爱收拾家里,我喜欢家里干净整齐,有点小洁癖,不能容忍东西零乱。可是我也比较懒,所以隔三差五才动手搞一搞,平时婆婆维持基本卫生。虽然我也不是很满意,但是至少我没有动手,就不好挑剔了。实在看不下去的时候,就自己动手搞一搞,比如拖拖地,整理一下衣柜,给厨房做个大扫除,把床上用品换洗一下,天气好晒晒棉被之类的。每次搞好了,都要告诉老公,听老公夸我干得不错,真能干。就是儿童态的自我啦。写到这里,我都觉得很惭愧,在这个家里老公付出得太多,我付出得太少,他忍受了我这么多年,还对我这么好。以后我要好好调整我自己,让他活得好一点轻松一点。

　　我和儿子的相处模式。我非常爱我的儿子,在我的印象中,孩子没上学之前,我们相处得非常好,我从未对他生气,因为他总是那么可爱。他也非常爱我,非常粘我。记得两三岁之前,他都不让我离开他的视线,我上个厕所洗个澡,他都不让关门,要看着我。不然就一直在外面拍门喊我,现在想来,真真是可爱。我对他的要求也很低,只要他健康快乐就好,不过度约束他,让他多尝试,他想学特长就学,不想学就不学。每次上幼儿园的时候,我就骑电瓶车先送他,我再去上班。他会要求我转一圈,我就带着他在附近转圈。一圈转完了,他会要求再转,我都听他的,转三四圈再进去,他说往哪里转就往哪里转,直到他满意了才恋恋不舍地进去。孩子给电瓶车取了一个名字,叫"大肚子电电"，简称电电。电电是我们家的功臣，带我们去了很多愉快的地方，度过很多美好的时光。

一切都从入小学开始不同。他上了小学，我突然发现小学的要求如此高，压力如此大，他竟然跟不上。在我眼里，孩子非常聪明可爱记性很好，我从没想过他会读不好书。可是入学了，我发现他拼音死活学不会，汉字也记不住，我急死了。现在孩子上三年级了，这三年来，为了他读书的事，我不知道跟他发过多少次火，每次都懊悔痛苦得要死。我得承认，孩子在读书这块确实没有天赋，同样的内容他比别人学得慢一些。可是他并不蠢，只是他的智商都没有表现在学习上。他是一个特别的孩子，与众不同，他是独特的。他记拼音和单词不行，可是他记他喜欢的科学知识，可以记得很清楚。他会讲很多让我目瞪口呆的哲理，真的，好多观点都和佛陀讲的一致。这都不是我教他的。我常常想起一个词：童心近道。真的是这样。可是我仍然在内心里不能接纳一个这样的孩子，我想改变他，想塑造他，让他变成一个会读书的孩子，至少不要太落后。因为我小时候不会读书，被人嫌弃，那种感觉太不好了，我太害怕了，我太恐惧了。

所以我和孩子之间，不发火的时候，就是最亲密的母子，我搂他抱他亲他，跟他谈心，我们平等交流，我会听取他的观点，称赞他，听他讲学校里的事，听他发表他的人生观点。只要不涉及学习，一切 OK。老公总说，孩子大了，不要这么亲昵，可是我真的忍不住。有次我带孩子坐公交车，我忍不住在他脸上亲了一下，我突然想起，孩子这么大了，公交车上的人会不会看不惯啊。我突然觉得很窘，心想，下次一定要注意了，不能在公众场合这样了。可是我当时完全没意识到啊，在我眼里，孩子仍然是那个我最爱的小毛毛啊。

每次我因为孩子学不会,急躁不已的时候,我就会骂他,当然我不说脏话,我不记得具体说些什么了,反正不是好话啦,比如说,不要学了,反正也学不会,回去种田之类的,什么我都被你气死了,你说说罗怎么会这样罗,你为什么不认真之类的。总之,要把孩子说哭我才甘心。孩子每次都是很委屈的样子,委屈得躲在另一个房里大哭。其实在我彻底发火之前,孩子就感觉到了,就会说妈妈你不要生气,还亲亲我,可是我已经打不住了,火已经上来了。

我知道我有很多问题,我想好好学习,争取早日解决这些问题。

个案分析:

对平时的生活边疏理,边释放,就可以看出这位女士与老公相处的模式。要求被重视,要求被爱,要求被认可。这是儿童期的时候被忽略,不被重视,不被外界认可,自我不认同留下的极度的不自信反应,所以她总处在焦虑状态。焦虑需要对外界掌控,在外界对自己的需求进行不断地满足当中才能使焦虑平息。她会怎么做呢?

她会强迫性要求他人,要求被重视,要求被爱。这样的强迫性本应在自我认同的前提下,但她不是。她是建立在别人认同她,她开始强化自己能不能接受。如果别人不认同她,她就很难达到自我认同,始终被外在"天气"牵着跑。外在"天气"是否影响我们呢?影响。下雪天加衣服,下雨打伞,晴天戴帽子就可以了,有对应的方式。但她不是,一旦外界有任何风吹草动,她内心当中就波澜起伏。

案例中显示她有三种人格,强迫型人格,依恋型人格,回避型人格。回避型人格里有强烈的焦虑,强迫型人格里有控制欲,依恋型人格里有依赖。这里体现的几种人格状态会怎么样化合？三种人格一个是主体人格，比方如强迫型人格作为主体的话，回避型和依恋型作为内在的话，三种人格同时出现动机性需求。当三种人格动机性需求彼此不能圆融达成一致的话，就会让人处于极度焦虑和不能自控状态，严重的甚至进入人格分裂状态。每种人格背后有几种动机，动机太多且几种动机不能达到有效一致，不能形成一个主体的人格模式的话，会让人发疯的。最后看哪个动机占上风，比方说在极度的焦虑当中的时候，回避型就占主体人格；当你极度想掌控的时候，强迫型人格就占上风。所以主体人格和辅助性人格是相互转移的。不是说某个人是强迫型人格就永远是强迫型人格。比方说有的犯罪的人，平时看起来彬彬有礼的，但是当他犯罪的时候，破坏攻击型人格就出来了，而且爆发是歇斯底里的，那个时候攻击型人格就是主体人格了。那个时刻他的动机是最强的，其他动机是根本不可能压服这个动机的。透过人格模式可以看到原生家庭，透过原生家庭可以看到新生家庭，人格模式的运转化合太重要了。如果我们了解到自己的人格，就能对症下药。我们就知道自己当下处于何种人格模式里面。我们就可以去化解，就可以把动机一个个分解稀释消融掉。

她的人格模式：主体人格为依恋型人格，辅助性人格为偏执型人格、强迫型人格、攻击型人格、回避型人格。

她把孩子当作了自己的依恋对象，也可以说孩子替代了丈夫角色，而真正的丈夫又被她塑造成了父亲的角色，也就是自己做了丈夫的女儿，儿子的妻子，整个一个角色错位。

她和老公的相处模式是包容与被包容的模式，是父亲与孩子的模式。她丈夫这么多年被塑造成她的父亲的角色，丈夫也有需求啊，他肯定也会反塑造她。依赖型人格是可以被塑造的，也愿意被塑造。把事物的源头找到，我们就能轻易地在念头生起、习性反应生起的时候，找到并即刻与当下的角色合一。时时合一，时时回归当下角色位置上来。这就是移步换景。如果不能做到这一点，人在北京还想着早上在上海发生的事来折磨自己，来遥控他人，就没有活在当下了。随时要转换角色，随时调整念头，随时清理动机，随时把几种动机归纳整合，要聚焦。聚焦了，在今天这个时间段内就有事干了，而且做事还特别有效率。如果不聚焦，东想西想，一天就在无谓的焦虑当中耗费了宝贵的能量。

关于跟孩子的模式。有时候面对孩子是在弥补自己儿时缺爱的不足，小时候未满足的需求在孩子身上替代性满足。当孩子成绩不好的时候触动了她的痛点，就会有害怕、恐惧的情绪，会异化自己，也异化孩子，这时就启动了她的回避型人格。孩子学不会的时候就会急躁不已地骂他。当她对外在的事物反复生起情绪的时候，就是内在有短板的时候。接纳自己的短板，才能在帮助别人的同时，把自己的短板补齐。这就是反向疗愈。当她对孩子生气的时候，她不但要了解孩子内在有痛点，帮助孩子克服成长，她自己也得到成长。因为她在孩子身上收获了成就感，收获了自我疗愈。这是需要她急需去调整的关键点，做好了，进步就会非常大。

改变就从一个动机一个动机的觉察开始。当你的一个动机开始，你就要觉察这是哪个人格的念头，另外一个念头生起又是哪个人格的参与。为什么这个人格和那个人格之间有同时需要的念头，觉察哪种动机更符合你当下的角色。这样就时时平衡住了自己，阴阳就平衡了，身心就平衡了，内外就平衡了，慢慢坚持下来,人就平和平衡了。

心态变了,心念变了。心念调整之后,世界就变了。

第二节　故事与思考

故事一。

婚姻如何经营,如何创意经营呢?有一学校请了一个对婚姻问题有专门研究的教授。教授走进教室随手携带了一叠资料。他掀开挂图,上面用毛笔写了一行字,说婚姻的成功取决于两点:第一点是找个好人,第二点是做个好人。教授讲,就这么简单,除此之外的不是江湖偏方,就是老生常谈。

台下坐的许多的都是已婚人士,不一会儿,有个三十多岁的女人站起来说,如果这两条没有做到呢?教授翻开挂图说,中学里面的几何就开始发挥作用了,两条就变成四条了,哪四条呢?第一条,容忍帮助,帮助不好仍然容忍。第二条,让容忍变成一种习惯。第三条,在习惯中养成傻瓜的品性。第四条,做傻瓜并永远做下去。教授还没有把四条念完,台下就躁动起来了,喧哗起来了,有的说不行,有的说这根本做不到。等大家静下来,教授说,如果这四条做不到你还想有一个稳固的婚姻,那就得做到以下十六条。接着教授翻开第三张挂图。第一,不同时发脾气。第二,除非紧急事件,否则不要大声吼叫。第三,争执时让对方赢。你愿意不?第四,当天的争执当天化解。能持否?第五,争吵后女人回娘家或男人外出的时间不要超过八小时。第六,批评时你的话要出于爱。第七,随时准备认错道歉。第八,有关对方的谣言传来时把它当成玩笑。有的人说谣言有可能是真的,真的等到水落石出的时候再说,看谁在裸泳嘛。第九,每月给他或者她一晚上自由的时间。也就是分床睡,男女偶尔分床睡,对男人的身体大有好处。过去看《神医喜来乐》电视剧中有个王爷,找喜来乐说,你既然看出我的身体不好,那怎么办呢?喜来乐给他写了个单子叫"分床睡"。第十,不要带着气上床。就是不要生气上床。上床气下床气,气到病时无人替。第十一,她或他回家时,你一定要在家。他从外面回家你一定要在家。一般男人在外面回来,见到你不在家,气会翻倍地增长。第十二,对方不让你打扰时坚持不去打扰。第十四,口袋里有多少钱要随时报账。彼此信任。第十五,坚持消灭没钱的日子,贫贱夫妻百事哀,没有信心。

婚姻最重要的就是两个字"信心",如果再加两个字就是"希望",没别的。如果对彼此没有信心,还过什么呢?这么多条一条都不需要了。因为找不对人就做不对事,要给自己婚姻希望,不给婚姻希望是既判了自己死刑也判了他人死刑。第十六,给你父母的钱一定要比给对方父母的钱少,能持否?

教授念完了,有人笑了,有人就叹起气来。你看完是什么态度?如人饮水,冷暖自知。教授说,如果大家对这十六条感到失望的话,那你只有做好下面的 256 条了。两个人相处的理论是几何级数的理论,总是在前面数字的基础上平方。接着教授翻开第四页,这一页已经不是用毛笔书写了,而是钢笔。256 条密密麻麻。教授说,婚姻到这个地步就很危险了。这时候台下响起更强烈的骚动声和喧哗声。不过在教授宣布下课的时候,有的人没有动,他们在干什么呢?他们在流泪。

思考启示：

故事告诉我们，陪伴是两情相悦的一种习惯，懂得是两心互通的眷恋。两个人总是觉得相聚的时间太短，原来走的最快的不是时间，而是两个人在一起时的快乐。什么是幸福？我们说走进婚姻就是走进幸福。如果爱情是激情，婚姻是幸福，幸福是什么？幸福就是有一个读懂你的人。而温暖是什么呢？温暖就是有个人愿意陪伴你。

在婚姻当中隐瞒缺点，欺骗别人，或者可以得到一时的利益；而直言不讳、坦诚相告则能得到别人的尊重和感激。但是很多人是怎么做的呢？

有些女人说，我以前的男友丈夫如何如何，这是找虐的节奏，你让一个男人情何以堪。男人活着为什么？为尊严，就是自尊，自尊简化后就是面子。再弱小的男人也有自尊。

现在生活中很多人，尤其在物质生活看起来有点丰裕，但精神生活绝对贫瘠的环境下，看什么都不顺眼，看谁都不满意，指天骂地，怨天尤人，天底下就他最委屈，最需要关爱。那他在得到关爱的时候又去怀疑审视他人，不是他人做得不够，就是做得不好，永远都在要求，永远都在索取，何时是个头呢？当他遇到困难的时候，要不就像鸵鸟，把头埋在沙子里；要不就寻死觅活，自己过不好，别人也休想过好，于是鸡犬不宁。你不是外面彩旗飘飘吗？我就在家红杏出墙。反正不是鱼死，就是网破。心就那么窄，出息就那么点。把自己完全绑在一个跟自己无关或有关的点上面。还想大不了一死、吸毒、犯罪、抢劫，真到要死，只见痛哭流涕的泪，那都不要辣椒水放在他面前熏，哗哗哗地流，那痛改前非的心，早干什么去了？人生有那么多如果吗？是什么害了他们呢？看起来是外在变化的人与事，实际上与我们自己刻舟求剑、消化不良、形成知见障碍大有关系。

　　我们从小到大,从家庭到社会,这样的知识,那样的技术,精挑细选的专业,到处学艺学习,因为相信知识就是力量,到最后呢,拿来主义让自己成为一个精致的只满足自己物质欲望的利己主义者。有些人学历很高,情感冷酷,十足的精神野蛮人,没有文化内涵,缺少群体认同,更不谈对生命的敬畏。我们都知道知识是无限的,当你所拥有所掌握的知识不成体系的时候,是没有用的,只是碎片。而文化呢? 文化是一个群体一个社会一个民族集体思想的结晶,是人类间普遍认同并能够相互兼容传承的和而不同的意识形态流。

　　《列子》里有篇文章叫《两小儿辩日》,说太阳早上离我们近还是中午离我们近? 要说这个小孩对、那个小孩子错,两个人可都有根据呀。我们看太阳是不是早上感觉比中午大? 说中午近是因为中午的太阳比早晨热,所以不能判断哪个对。两个小孩问孔子,孔子无法判断。于是作者就借小孩的口吻讽刺孔子,说:"谁说你知识多呢?"作者大概是想,只要否定了孔子的知识多,就否定了孔子的价值。

　　如果有人拿哪个朝代允许宦官结婚,哪个朝代女人可以把男人当奴仆这样的问题来问我,我要是回答不上来,那我岂不是马上就被他否定了? 而他掌握了这样的知识有何用呢? 那只是茶余饭后吸引他人的一点笑料而已,增加一点别人对他的关注度。而这样的关注度也很不好,随便说一句话都有可能给自己惹来麻烦。我们很多人是不是也有这样的时候呢? 守着自认为已经掌握的某一点知识,觉得自己是世上最牛的人了。并且他特别想让别人知道他懂得这一点,他天天等着别人提问,以此来收获别人的敬佩,还审视他人、瞧不起他人和漠视他人,似乎他掌握了宇宙真理。当然你把它变成系统的知识,创造了社会价值,这是非常有意义的。你所知道的只是知识,是别人所不知道的一个知识,对你自己没多大用,还会对你产生负面影响,为什么? 因为这死知识是老观念,把你一辈子都给炫死了。不少的人用自己琐碎的知识,把自己的人生切割成碎片,在那些碎片上打转,既放不过自己也放不下他人,最终是害人害己。

德国哲学家尼采说,我之所以聪明是我从来不在不必要的事情上浪费精力。所有的知识是大道相通的,支离破碎的知识不成系统,不成体系是没有用的。

有一个笑话,说有个人在公交车上看股票,旁边一个人讲大盘怎样小盘探底,大家看这人衣衫滥褛,就问他这个你也懂啊,此人回道:我就是太懂了,才落得现在这个样子,当年我可是百万富翁啊。

对知识要进行鉴别,分清哪些是无聊的、无用的、无趣的知识。

我们很多人把一些知识不仅带进我们的人生,还带进我们的婚姻家庭,带到我们的事业圈,带到我们的交友圈,拿这一点点知识去看自己爱人、看同事、看他人。如一些人掌握了大量的某些信息,就认为是权威了,结果支离破碎,既不系统,也无价值。庄子说:"不知无害为君子,知之无损为小人",什么意思呢? 就是你知道了这样的知识并不能因此成为君子,你不知道这些知识也不会成为小人,有些知识对你人生一分都不加,又何必耗费精力和时间呢? 但现实生活中有不少人,专心致志、兴高采烈、兴趣盎然地将知识切割成碎片,比方说闺密谈心,谈到某影星、男人帅,她就去研究了;明天同事讨论股票,她又研究股票了;最后她出外看到兴起广场舞热潮,她又研究广场舞了,这不就是将自己人生切割成一堆堆的碎片嘛。实际上在知识以外还有更重要的知识啊！智慧的苏格拉底说："我比别人多知道那一点就是我知道自己是无知的。"世界是无限的，大家都知道，地球 70 多亿人口，有五大洲四大洋，真是不得了！在宇宙中看地球呢，它就是个小星球而已，有它不多没它不少，类似地球这样的星球多了去了。世界的无限，知识的无限，而生命是不是有限的呢？！所以我们要容忍自己的无知，也要宽容别人的无知，自己不知道没有关系，知道我想知道的，知道我该知道的，知道我能知道的就可以了，因为生命是有限的，我只能学对我有用的东西。就是先自利，再利他。在自利的同时可以影响他人、家人和同事就很好了。知不知道哪个明星、知不知道奥巴马是男的女的没有关系，一点不影响。问题来了，无知不可怕，可无知又无畏，就是良知问题，有的人不仅无知，还无知者无畏，也就是说无所畏惧。一个人不一定因无知出问题，而因良知出问题，出大问题，那就不可宽恕了。知识是文化的载体，没有文化才是最大的可怕。为什么说良知出问题是大问题呢？

故事二。

有位父亲发现 15 岁的女儿不在家，留下一封信，上面写着：

亲爱的爸爸妈妈：

今天我和他私奔了，他是个很有个性的人，身上刺了各种花纹，只有 42 岁，并不老，对不对？我将和他住到森林里去。当然不止我和他两个人，他还有另外几个女人，可是我并不介意。我们将会种植大麻，除了自己抽还可以卖给朋友。我还希望我们在那里生很多孩子。在这个过程中，也希望医学技术可以有很大的进步，这样他的艾滋病就可以治好了。

父亲读到这里已经崩溃了，然而他发现最下面还有一句话，

"未完，请看背面"，亲爱的老爹，那一页所说的都不是真的，真相是我在隔壁同学的家里，期中考试的试卷放在抽屉里，你打开以后签上字，我之所以写这封信，就是告诉你，世界上有比试卷没有考好更糟糕的事情，你现在可以给我打电话告诉我，我可以安全回家了吗？

思考启示：

如果说知识可以改变命运，这里我要加一句话，良知就是方向。

所有环境、空气、食品等的问题都是表象，真正背后的体，是良知失去了方向。

中国人一点都不比任何民族笨。因为中国的历史文明是没有断过层的。为什么没有断层呢？是因为汉文化具有强大的同化能力、包容能力，能够把各种不同民族的文化融合、继承、创新、发展。有很多世界文明，比如四大文明古国的大部分文明都已经消失了。当一个博士去发明皮鞋酸奶的时候，那就是我们个体文化基因里的这个文化有问题。

一个人的良知没有了方向，他什么事都可以做得出来。有个教授拿了这封信就感慨，一个人在知识的试卷上可以犯错，甚至不止一次犯错，一辈子犯错，我们到老了都是无知的，但是在良知问题上，如果像这个女孩一样，犯一次错，是不是就万劫不复了？如果这个女孩她正面写的是事实的话，是不是万劫不复？一定是万劫不复的。所以比事实判断更重要的是价值判断。事实判断我们做不到什么都懂，但是做人要有良知，要有价值的判断力，这一点还是要去尽量做到的。

很多时候，我们内心当中会产生压抑、愤怒、嫉妒、悲伤、无聊、焦虑等这样一些情绪，究竟该怎样去感受和看待背后的原生事件？我们之所以有这么多情绪，实际上源自于我们自己内在的评判。

人很容易评判。在不同环境，不同节点，评判是不同的。对那些不愉快不喜欢的事件附加的情绪，我们要么是极力释放，要么是极力压抑。实际上，我们身体所产生的情绪反应，来自于认知，来自于情感的释放。

情绪中的情为私，绪为一种状态；情感中的情为公，感受、感觉、感知是既可泛化大众也可个人回味的一种情怀；所以，情绪与情感，我们既要融合，也要善于区隔。

实际上，情绪是什么？打个比方，情绪是潜意识和意识沟通之后，彼此之间进行信息处理的送信人。每一封信都来自于我们的内心。如果这个送信的人来敲你家门，你把他当贼；他打你电话，你以为是诈骗电话，也不理。这个送快递的是不是就走了？因为这份快递要送出去呀，所以他就会一次次继续送继续敲，白天不开门他晚上再来，一定要把这个东西送到。

既然他一定要送到，让我们感知到、感受到，那我们就要很好地去回应。如果这个信的内容很重要，那么送信人就越是尽心尽责。如果某一个念头、感情反复折磨着你，这说明透过情绪背后，我们要去觉察，有哪些期待、哪些渴望、哪些重大的需求没有被满足。所以我们说送的这封信是不是有价值？信越重要，越有价值；越有价值，也越重要。

我们来看看下面几种情绪对生活乃至命运的影响。

比如，嫉妒。

很多人在看到他人漂亮时会产生嫉妒；看到某个同事职务升迁了，产生嫉妒；看到哪个人家老公权力大，产生嫉妒；嫉妒程度的加和减，提示着我们是有多么想要。如果你觉得人家好、人家妙都是人家的事，人家在做自己。斗室之内，也有快乐，过自己，就能够稳得住神。

内心很多的嫉妒、烦恼啊，都来自于比较，来自于评判。让我们难受的那种嫉妒，正是我们觉察自己的信号灯。不能因为嫉妒，就让我们忘记了我们自己所要做的事，忘记了我们自己所要去的方向。

盲目比较和盲目评判会让自己迷失和徒生烦恼。

我们在内心当中要升起一种对自己的爱，对自己的接纳，我们就不会产生那么多的嫉妒。当觉察到嫉妒是需要通过外在的东西来给自己自信的时候，我们就能悟出很多东西。

比如，压抑。

我们很多时候有这种情感压抑。如上司批评你的时候，他在盛怒的时候你压抑，你不敢，你嘟囔一句他甚至更狠。丈夫或者妻子在愤怒的时候有压抑，跟亲子关系当中有时也压抑。人在屋檐下，哪能不低头。

实际上，习惯性的压抑如果是扭曲、委屈和矮化自己，就像一个人长期被锁在箱子里很久，他的腿就不能马上站立或走路一样，这是很不好的。也就是说要觉察和区分过去在某个时间段的压抑，并不等于到了这个时间段我还要压抑。过去童年时候的压抑不等于现在青年了还要保持这种压抑的习惯。

我们现在是完全可以承受，并且可以有勇气来表达自己，也可以有能力来做自己。如果我们鼓不起勇气，还是因为害怕，因为压抑的惯性。

比如，愤怒。

很多人讲我压抑了，压无可压，忍无可忍了，我要表达愤怒了。好，你表达愤怒说明你有力量，说明你爱护你的自尊心，说明你自重。

所以过去有人讲叫酒后、盛怒、大怒之后不见客,酒后不见客。因为很多悲剧都是一怒之下、盛怒之下做出来的。愤怒让人失去理智,难道所有愤怒里面都没有理智吗?很多悲剧和灾祸,虽因愤怒而生,但是很多是由于愤怒中的力量偏差使用而生的。

比如你表达愤怒,你表达的方式是一锤把别人的头敲破了,敲碎了。你这个力量的掌握能均衡吗,你能把人家的头修复好?所以说,在愤怒的时候,我们觉察到我们确实还是有力量的。这种力量表示我们很多时候还能够承受一些东西,还能够学着去理解一些东西,而不是去破坏一些东西。如果你把愤怒的力量用于破坏,那就是迁怒,那就不是愤怒了。能够产生愤怒,至少还不会让自己的内在过于受伤啊,不会患忧郁症。这是愤怒带给你的觉察。

比如,悲伤。

有的人一看到别人哭,就恨不得去劝,你不要哭了。唉,让他(她)哭嘛。为什么,因为悲伤它包含着疗愈啊。悲伤的尽头是接纳。接纳什么,接纳现实。

一个人通过悲伤来获得同情、爱,是一种扭曲的选择。我们在大街上经常看到有一些残疾人,或者说把自己搞得非常可怜的人,来获取人们的同情,来获取人们对他的爱。实际上他是不是扭曲自己?这是一种技巧性悲伤。对技巧性悲伤不是不予理睬,而是不要受其感染。

我们这里指的悲伤是自然的悲伤,自然的悲伤是好的。技巧性的悲伤,我们就无需去受其感染了。如果我们自己有机会接触到被我们冰冻的悲伤,是好的,是一个和自己连接的机会。

你想哭就哭,大声地哭。接纳那个失落,接纳那个失去,就可以开始新的生活。

小孩子哭也是表达情感的一种方式。有对父母对自己不理解的一种愤怒,有对自己受到委屈的一种表达,也有技巧性悲伤。这个你就要觉察了,技巧性悲伤就是想获得父母对他的关爱。

我们需要去觉察所有情绪、情感、认知、身体反应背后的真相和意义。我们有时总感觉生活无聊、无趣,那么我们在感觉到无聊的时候说明什么呢?只要你不怕这种感觉,你觉察到无聊的这种感觉,说明你现在做的不是你想要的,不是和你适合的。很多男人,35 岁以后,生存不成问题,所有社会要求的都过得去。他就开始问内心真正想要什么,我生命的意义何在? 开始真正寻找自己的使命了。当你寻找到自己的使命的时候,才是你生命真正的开始提升。有些人终其一生都没有找到自己的使命,都只是在生命的怪圈里轮回,也就是说在自己意念、欲念、妄念的幻相当中,就像看起来从小到老到死有一个人在那活着,其实跟蒙着眼的驴拉磨没什么两样,因为他在不停地转圈,不停地轮回。

比如,焦虑。

过去结婚,自行车、缝纫机、手表三大件,到后来冰箱、电话、洗衣机,到现在的房子、车子、票子,然后就说女人爱财。女人不爱财就不对了,为什么呢? 女人爱财,男人爱色,这是灵长类动物的生存方式,没有问题。女人爱财,是把自己的价值,体现在她所依附的或者占用、控制的这个人或这个物上。男人爱色,是他要寻找优秀的基因的承载体。灵长类的本能,无须过于弱化,不需要扭曲。哪个男人不希望自己的基因无限制地繁衍下去、留存下去？女性的价值通过这种方式来体现，这一点都不奇怪。要生儿育女，没有安全感怎么能行呢？没有好的生活方式怎么能行呢？怎么能体现价值呢？所以，男人爱色，女人爱财，正常的不能太正常了。

有些女性为什么焦虑？是因为她自己没有找到安全感，没有找到自己好的生活方式。古语说"英雄爱美人"，是有道理的。当然情人眼里出西施，也有句话叫丑女丑郎收。有的女人看起来丑，她不做你的老婆，干吗给她一个丑的标签？说不定她带出来的男人吓你一跳，是个大帅哥，我们称为鸳鸯配。有些女人，别人感觉她不咋地，但她老公感觉她好就行。无须评头论足，各有机缘，各有来处。

焦虑不好受，令人烦恼，而且可怕。但它本身也包含些有价值的东西，比如，提醒你头脑中刻度过高，它至少告诉你哪里想错了，哪里的界线有问题。有些人不顾现实，过高要求，完美主义倾向，焦虑的人往往有强迫症的倾向，有强迫症倾向的人大都有强迫性观念，不顾事情的节奏，希望更快、更好、更早，如果深看你的焦虑，你会看到你头脑里刻度的偏差，你把那个刻度调过来，它就安然了。

如果我们坚持回避情绪，怠慢情绪这个送信人，不注意这个信号对我们的重要性，极力逃开情绪甚至囚禁它，那不得了了。因为身体就会替你说话了。情绪压抑得过久，会向内攻击，身体一旦对你说话，那个话就重了。为什么？因为身体说话的方式是生病的方式，绝大多数的疾病是因为情绪。因此说，没有不好的情绪，只有不被尊重的情绪。没有可怕的情绪，只有不被了解的情绪。

第三节　感悟与启迪

这是一个全球化的时代,人们彼此在交流,文化也相互在冲击、对撞,在这个冲击和对撞的过程中,会有一种对境。

最近有一位作家以中国和美国做对境,提出找姑娘分为中国趣味和美国趣味两种类型:中国趣味重视性实用,美国重视实用性。例如,在中国,当你因种种原因内心焦躁苦闷在灯下写作的时候,听她撒个娇就觉得生活有点安慰,她的相与身材多是为了引起我的性欲和保护欲,但到了美国,普通人的生活变得广阔,安慰没有用,生活需要自己去创造,你需要与在中国完全不同类型的姑娘,她首先是独立又有生活能力的人,还能与你配合,此刻爱情显示出另外一种意义。美国女性的独立赋予了她们独特的魅力,无论是在经济上还是心理上,她们很少像中国女孩靠自己的伴侣。有人讲美国女人在婚姻中追求的是成为丈夫的好朋友,而在中国,就像这位作家说的,中国文化培育出的好姑娘全是为床上和室内准备的,她们的好处在于,有了她们,你窝囊地回到家后可以享受点小安慰,这就是中国人的生活质量。他还指出,恰恰是因为这种生活质量,使得中国出现了越来越多优秀的剩女,因为她们不甘于或不安于只是为男人准备的。

我们须要认识到,我们容易被大的环境趋势所裹挟。如,丈母娘的房子刚需论,相亲的房子车子论,还有宁在宝马车里哭,不在自行车后笑等这种唯物质论,女性的不安全感和对物质控制所带来的满足感对我们的婚姻生活伤害到底有多大? 是不是真的这些东西能带给我们幸福呢? 这个问题是需要我们来对境的。我们也可以从中国与美国女性的差别中看出来,随着精英移民的加快,未来的西方国家会看到越来越多的中国人。在美国男人眼里,中国女性是温柔美丽,在中国男人眼里,美国女人性感独立。

文化和国情不同,中美两国女性对待男人的方式也有很大差别,有人就举出十点不同:一是,美国女性分享男人的生活,夫妻间平等相处;中国女性是改变和拥有男人的生活,谁是家中一把手,大家心知肚明。二是,美国女人与老公第一次性生活叫作摆脱尴尬,以后就是如鱼得水;中国女人与老公第一次上床那是奉献自己一生最宝贵的贞操,而男人的处女情结会不断地在纠缠着延续。三是,美国女人在婚姻中追求的是成为丈夫的好朋友;中国女人与丈夫的关系是不断在吵架和撒娇中转变着。四是,在美国,女人与丈夫的性爱会增加女人的幸福感;在中国,女人与丈夫做爱主要是为了延续下一代,其次是终身的奉献。五是,在美国女人眼里,自己的丈夫是最帅的男人;在中国女性眼里,韩国明星和英国球星才是她们的偶像。六是,美国女人叫丈夫亲爱的;在中国,女人叫丈夫该死的。七是,丈夫体贴妻子,美国女人怀着一颗感激的心回报;老公照料老婆,在中国女人眼里是天经地义,要不然俗语为何还有"妻管严"呢?八是,美国女人结婚后不会拒绝异性成为亲密的朋友;中国女人婚后会把异性接触看作是问题。九是,美国大龄单身女性不愿意结婚,因为自己形成了固定的思维和行为模式,要为新伴侣改变和牺牲很不容易;中国女人惧怕剩下,哪怕匆忙下嫁,为了结婚而结婚。十是,在美国,老公出轨,妻子惩罚的是丈夫,离婚时家产一人一半;在中国,老公出轨,妻子惩罚的是小三,水煮煎炸都不解恨。

从这种中西方文化对境中我们可以看出,在现有的文化语境下,我们到底是选择继续躺在封建文化传承的意识上,还是要逐步回归做真实的自己呢?

孤阴不生,孤阳不长,阴阳共生。女人没有男人不行,男人没有女人不行,男女在一起要互相欣赏。欣赏首要在于包容,包容在于接纳,你中有我,我中有你,既可以融合又可以相互独立。在婚姻中我们要相互包容才能相互融合,但更多的时候是相互独立,融合容纳,欣赏他(她)在做她自己,欣赏他(她)在表达自己,欣赏他(她)在自己做自己。很多人不仅不欣赏,而且要塑造,要要求,所有塑造和要求的爱都不是真爱,所有有要求的付出都不是真心付出。我们的付出不是对等的交换,否则我们在家庭生活中很多时候就会失去心理平衡。所以在包容的基础上要有欣赏。其次是在理解的基础上支持。理解是什么? 当你真正用心听懂了对方的心声,看懂了对方在这个心声背后的真实涵义,这种理解才是真正的理解。而有的人请求你的理解,却没有站在你的角度了解你这么做的动机,没有洞见你的动机,又怎么能理解呢? 在理解的基础上才能支持他(她)独立的表达,用心的感受。不仅是婚姻关系,人际关系都是如此。其实,理解就是一种换位,并在归位的基础上合作。很多时候我们常常忘了自己的位置,比如说我们要去做丈夫的父母,要去做丈夫的孩子,在丈夫面前表现得小鸟依人,似乎这样才能取得丈夫的喜爱和疼爱,这都是一种错位的表现,要不要归位? 归位就是时时刻刻像登山,因人而变,因势而化,移步换景,在丈夫面前就是妻子,跟孩子在一起就是母亲。

我们人格模式中的三个自我:审视化的父母自我,平行化的成人自我和弱势化的儿童自我所对应的角色是社会角色,家庭角色和本我角色,归位很重要。很多时候,我们不要把丈夫的光环放到我们自己身上,也不要把自己的光环放到丈夫身上。那个说"我爸是李刚"者就是把爸爸的光环放到了自己身上,这个就是错位的表现。我们要在归位的基础上合作。丈夫的角色对应妻子,妻子的角色对应丈夫,在归位的情况下,这种合作才是真正的合作,否则谈合作都是不可能的,在错位下合作就是关系错配,必然会导致言行错乱。新生家庭的核心是在包容的基础上欣赏,在理解的基础上支持,在归位的基础上合作。我们可以把这个作为时刻在新生家庭中进行人格运转的一个对境的基石。这个基石就是有没有在包容的基础上欣赏,有没有在理解的基础上支持,有没有在归位的基础上合作,这个归位其实就是找到最合适的位置,即自己当下的位置。

比如,很多时候父母吵架不避孩子,当着孩子面吵个不停。孩子在 10 岁之前经常看到父母吵架就会在他内心留下很多心理障碍。在他储存的记忆里,他会不断赋予要么是爸爸要么是妈妈在这件事上的态度,哪个强势他可能就会仿同,哪个弱势他会在情感上同情,但在言行上不会去仿同。将来某一点映射的记忆出来时,弱者的东西让他伤感,而强者的东西又容易让他去施行,虽然他在情感上是不接受那种强者的表达方式。比如说,如果孩子胆小,这个就是后天的家庭环境里父母吵架或离异带来的变化。这种变化是可以改变的,一定要让他找到所爱的人或物进行转移转化,比如,书、画、琴、棋,歌唱等。这种转移转化也可以根据兴趣点培养他的兴趣和习惯。再比如,儿子或女儿现在心里是否真正爱你,他是以什么方式看你?你在他的心里面是一个什么样的形象?跟孩子沟通,不要期望孩子怎么讲,不要因为孩子讲了什么而失望,而只要他是真实的表达,我们就要通过孩子的眼,看我们自己在孩子心目中的形象,这个形象是不是我们和孩子共同需要的。如果我们需要,孩子不需要,我们就需要做修正。如果孩子真的爱你,你就要不断地尝试,让你的孩子学会表达他的爱意,如果孩子都不能准确的或者不能经常性的,甚至都没学会来对你表达他的爱意,那么你在孩子心目中仅仅只是一个老妈子,保姆吗? 或者你的形象只是一个赚钱机器吗? 这个都是需要我们认真去思考的。我们可以试一试,对我们的孩子讲能不能帮妈妈做做这个,帮妈妈去买下那个东西等,我们不断唤醒孩子对我们的言行的喜怒哀乐的反应。如果孩子说:"妈妈,我这个事情做不了!"那这个时候正是母子间沟通的契机,如果不是这样的沟通契机,我们就说,我不知道孩子怎么想我的,我不知道孩子心里到底怎么看待爸爸或者看待妈妈的,那你自己尝试着去表达你自己了吗? 创造了让你的孩子表达的机会了吗? 如果你的孩子从小就没有建立起这种表达的好习惯,那将来他(她)与自己的妻子或丈夫之间的表达会不会出问题呢?

一定会!

第二部分
文化基因篇

哲学是一个国家，一个民族，一个种群集体文化思想思考的产物，指引着人类前进的方向。

　　文以载道，以文化人。文化，作为我们集体潜意识的一个产物，已经浸透到我们的基因骨髓里去了。从原生家庭到新生家庭，我们真正要发自内心将自己认识清楚的话，不去了解文化对我们的植入、浸染、侵蚀，是不可能做到脱胎换骨的，也不可能会发生灵魂深处的暴动和革命。

　　文化的重要性是我们一直以来忽略的，我们误以为知识就是文化，文化就是思想。当然，思想也能产生文化，思想是文化的重要源头之一，而知识只是记录文化的经验。我们如果不从意识里观察、清理，到潜意识里去感受、对应，我们不可能做到把我们自己从很多的文化桎梏里解放出来。什么时候当我们形成了"独立之人格，自由之思想，科学之精神"，我们才能更完整、更清晰地理解这个世界。

第一章　同而不和的文化冲突

故事一。

有位年轻人,抓了几只土鳖,卖给药铺,他得到了 1 枚铜币。他走过花园,听花匠们说口渴,他又有了想法。他用这枚铜币买了一点糖浆,和着水送给花匠们喝。花匠们喝了水,便一人送他一束花。他到集市卖掉这些花,得到了 8 个铜币。

一个风雨交加的日子,果园里到处都是被狂风吹落的枯枝败叶。年轻人对园丁说:"如果这些断枝落叶送给我,我愿意把果园打扫干净。"园丁很高兴:"可以,你都拿去吧!"年轻人用 8 个铜币买了一些糖果,分给一群玩耍的小孩,小孩们帮他把所有的残枝败叶捡拾一空。年轻人又去找皇家厨工说有一堆柴想卖给他们,厨工付了 16 个铜币买走了这堆柴火。

年轻人用 16 个铜币谋起了生计,他在离城不远的地方摆了个茶水摊,因为附近有 500 个割草工人要喝水。不久,他认识了一个路过喝水的商人,商人告诉他:"明天有个马贩子带 400 匹马进城。"听了商人的话,年轻人想了一会儿,对割草工人说:"今天我不收钱了,请你们每人给我一捆草,行吗?"工人们很慷慨地说:"行啊!"这样,年轻人有了 500 捆草。第二天,马贩子来了要买饲料,便出了1000个铜币买下了年轻人的500捆草。

几年后,年轻人成了远近闻名的大富商。

思考启示：

年轻人的成功是偶然的,还是必然的? 他是不是做到了移步换景? 是不是做到了对信息背后能量的瞬间感知和抓取? 是不是做到了不拘泥于一个角色的自我认定而故步自封? 是不是做到了时刻在各种海量的信息场中保持敏锐的观察力和感受力,从而独步其中,化万物为我所用?

如,他让他人感受到他的付出。他先送水给花匠喝,花匠得到了好处,便给了他回报。(能量守恒,双赢智慧。)

如,他感觉到那些断枝落叶可以卖个好价钱,但如何得到大有学问。所以,他提出以劳动换取。(好眼光,勤劳致富,社会准则。)

如,他知道单靠他一个人难以完成这项工作。他组织了一帮小孩为他工作,并用糖果来支付报酬。用较低的成本(价格)赢得了较大的投资收益(价值)。(良好的资源组织能力。)

如,他在与商人的谈话中,感知并捕捉到赚钱的机会,再用较低的价格收购了一大批草转手卖了个好价钱。(商贸信息意识,跨界融合能力。)

每个人都梦想成功,而且财富就在我们身边。有的人抱怨财运不佳,有的人埋怨社会不公,有的人感慨父母无能……其实我们真正缺乏的,正是勤奋和发现财富的一双慧眼。

在现代竞争激烈的社会里,除非你有能力整合别人,要么被他人整合。如果你创造不出被别人整合的价值,你就会被淘汰。因此,我们要养成学习的习惯,一个大学生如果每天不学习新知识,每天浑浑噩噩过日子,那十年后他就会退行成一个小学生；

相反,一个小学生天天有计划的学习,那十年后他就成长为一个大学生。所以,我们需要正确的做事和学习方法!

我们需要思考的问题是:什么是足够的能力?金钱究竟多少才足够?什么事情是自己真的想做的事情?

故事二。

胡雪岩是清末的一位有名的红顶商人,他在经商的同时也开办了一家阜康钱庄。阜康钱庄开业不久,接待了一位特殊的客户。这位特殊的客户叫罗尚德,是清朝驻守杭州绿营兵的千总。他存入阜康一万两银子,既不要利息,也不要存折。这让阜康钱庄的掌柜很为难。原来罗尚德在老家时,是个赌徒,订下婚约却不提婚期,因为好赌,用去了岳父家一万两银子,一直还不上,最后岳父提出只要罗尚德同意退婚,宁可不要银子。这下可刺激了罗尚德,他不仅同意退婚,并且发誓做牛做马也要还上这一万两银子。罗尚德后来投军,辛辛苦苦,十多年熬到六品武官的职位,省吃俭用积攒了这一万两银子。前几天接到命令,要到江苏与太平军开仗,因为没有亲眷相托,因而将银子存入阜康钱庄。他对钱庄的伙计说:"我既不要利息,也不要存折。就是因为我相信阜康钱庄的信誉,我把钱存在这里让你们给以保管,我不是图增利息;我自己带兵打仗生死未卜,也没有必要带个存折在身上,那多麻烦呢。"

得知这一情况,胡雪岩当即决定:尽管客户不要利息,也仍然以三年定期的利息给予计算,尽管客户不要存折,也仍然要立个字据交由当时的主管刘庆生代管。

罗尚德后来在战场上阵亡。临死前,他委托两位当兵的老乡将自己存在阜康钱庄的银子提出,转给老家的亲戚,以便还上岳父家的赌债。两位老乡没有任何凭据就来到了阜康钱庄,办理银子的转移手续。原以为会受到钱庄的刁难和麻烦,甚至阜康钱庄会因为没有凭据赖账。他们没想到阜康钱庄除了请人证实他们是罗尚德的老乡以外,没费半点周折,就连本带利为他们办了手续。阜康钱庄付出了罗尚德一万两的存款。两个办理取兑银两的老乡回到军营,讲了他们的经历,许多官兵把自己的多年积蓄甘愿长期无息存在阜康钱庄。

感悟启迪:

一方面,阜康钱庄的声誉一下子传开了。钱庄为什么有利息,一方面,促进货币安全和流通;另一方面,相互之间能量守恒啊。钱也好,诺言也好,誓言也好,所托也好,受托也罢,都是记载有信息的能量释放,这些都告诉我们要重诺守信。如果阜康钱庄昧下了这笔钱,从胡雪岩到整个钱庄,都要背负这个因果债,良心债。

宇宙是公平的,现在享的福是我们或者是我们父母祖辈积累的福报,如果不加节制地把福报用完了,以后是要还的。

智者说过同样的话:发上等愿,做中等事,享下等福。重要的是他们都彻知因果律,自己极为惜福不说,深知财富养人也害人,所以会把很多的财富布施,无偿捐出,在众生的感恩和赞叹中收获"爱出者爱返,福往者福来"的果报。

一切唯心造。金钱也是有因果和轮回的。富足之心会带来富足的结果。匮乏的心会带来贫苦的结果。

贫穷布施难,是因为自身艰难,不愿意布施;富贵修道难,是因为财富如流水,想把财富留下来,通过修道来留住富贵,却死也不肯。

道是指符合宇宙规律的本体。德是符合宇宙规律的行为。

心量足够大,才能包容下金钱。念头越多,烦恼也会越多,念头一放下，便是解脱。看破金钱带给我们自以为是的幻象，放下逐物耗心费神的贪念，回归本源，空明一片。

我们可以看看，看着都市的车流和大街上的人流，车的外形，人的躯体都差不多，但开车的人是形形色色的，人的灵魂也是轻重不一的。自我小宇宙与天地大宇宙是全息对应的。许多人把大把的精力放在满足自己的身体躯壳上，而忽略了心灵的清洗与成长。

当然，在现在这个时代，拥有更多财富似乎最有吸引力。因为财富在很大程度上意味着自由和社会影响力。看，各种教人如何赚钱的培训班上，此消彼长的传销团队里，总是人头攒动，明知是飞蛾扑火，也死不甘心，硬是要赌上一把。

虽然许多人为了赚钱而去工作也的确是迫不得已，但我们要知道钱是附属品，要清醒地了解工作的理由是我可以通过喜欢的工作为这个世界做出有价值的贡献。要更好地做自己感兴趣的事，拥有财富的确是条有力的途径，但如何拥有财富，归根到底还是需要不断提升自己的思维境界和格局。

我们在体制教育中不知不觉形成了等待答案、拒绝错误的虚伪的思维模式，然后每天泡在尘世中与俗人为伍，内心浮躁，我们很难得到提升。我们需要与伟大的灵魂为伍，做到不俗，从而脱俗。

媒体报道说，巴菲特一生都远离华尔街，住在清净的小镇上，主要的工作是阅读和与高人交谈，所以成就了巴菲特的伟大。高手总是孤独的，不能享受孤独，无以成为高手。

拥有财富自由后，想要做什么呢？因为财富自由是观念上的自由，想做的事情不需要等待财富自由后才去做，现在就可以做。

"上德不德,是以有德;下德不失德,是以无德。上德无为,而无以为也。上仁为之,而无以为也。上义为之,而有以为也。上礼为之而莫之应也,则攘臂而扔之。故失道。失道矣而后德,失德而后仁,失仁而后义,失义而后礼。夫礼者,忠信之薄也,而乱之首也。前识者,道之华也,而愚之首也。是以大丈夫居其厚而不居其薄。居其实而不居其华。故去彼取此。"(老子第三十八章)

这就是说:最好的方法就是用"天道"来治理国家。次之,就用懂得符合天道行为(德)的人和方式来治理,等于就是用追求真理和智慧的人和办法来治理国家(如汉初的"文景之治");再次之,就用"仁爱"之心来对待和治理国家;如果连"仁爱之心"都没有,就只好采用"义",也就是公平正义和法制来治理国家,这就是西方各国的民主政治方式;如果连"义"都做不到了,就只好用"礼"来治理国家,强行规定一些诸如"礼仪纲常,高低贵贱,等级次序"的东西来治理国家。这种方式,离心离德,自然不能久长。

失去了基本的公正公平的法制原则——"义",也没有仁爱之心(仁),不尊天道,也不懂天道(德),只虚伪地讲"礼",讲"面子","排场","仪式"。这离大乱还远吗?这就是老子的国家治理智慧,有没有道理?

我们现在所处的这个社会处于哪个层级,我们处在什么样的文化环境(价值观念、社会秩序)里,我们思考过没有?

第一节　实现观念上的自由

观念奴役人心，让人自障其中。

人生在世几十年，我们的观念是自由的吗？显然不是。从小到大这个"我"就被输入了大量的观念：从小好好读书，长大考个好大学，毕业找个稳定的工作，工作就是为了挣钱，挣钱就是为了买房买车。

我们有没有看过老虎钻火圈？猴子玩戏法？海豚跳舞？

想一想，为什么这些动物能够如此驯服并且卖力工作呢？

相信我们最后都注意到了一点，那就是不管什么动物，在它们表演一圈后，是不是就会得到各种相应食物的奖励？为了获得更多的食物，是不是就会更拼命地工作？猴子也好、海豚也好，虽然它们自己也不知道为什么要做这些事情。

人物相应，动物经历的一切何尝不在我们人类身上出现？我们有没有为了工资奖金，乃至更多光环，而去努力从事各种自己都不知道为什么要做的工作呢？

当然，有些勤奋且运气很好的人，赚了很多钱后就不再干活了。随之伴生的阶层分化所出现的消费分层使得社会出现了贫富生活质量和距离的进一步拉大。

当然，事物的发展也不是一厢情愿的，在历史变迁的过程中同样是这样，经济如果总提振不起来，政局就会变得对立激化，国际势力也会趁火打劫，国际地位就会日益孤立。如果经济指标开始衰退，失业飙高，债务出现踩踏性逃匿，资本供应丧失连续性，外汇单向流出，社会价值基础分崩离析，社会导向失去主流认同,怎么办? 王朝更迭,"从头再来"? 怎么样跳出这个因果率下的周期率呢?

当我们嘲笑猴子玩戏法,海豚双飞舞,老虎钻火圈,狗熊骑单车就为了驯兽员手上的几颗"糖"时,我们有没有想过自己?

驯动物是这样,驯人是不是也是这样? 只要失去心的自由,我们与猴子何尝不是一样? 原本拥有自然的天性,却被外在社会、群体组织、婚姻家庭等用各种观念所控制,去做着自己不愿做的事,去扭曲着自己越来越麻木浑浊的心,为的是换取维持生计的那几颗"糖"。

相信许多工作乃至许多物质需求并不是大家真正需要的。在许许多多的外在观念意识强行植入,反复催眠的情况下,我们忘记了最重要的一点,那就是我此生真正想做的事情究竟是什么! 我们是在什么时候,失去了我们真正的自由?

实现人生自由、财富自由,首先要实现观念上的自由。

人在年轻的时候,对老庄学说不一定非要有研究,至少应有所了解,保持兴趣是必要的(因为这个是形而上的追求)。

比如,一名妙龄女郎在动物园里闲逛,她走着走着,来到了猴子园面前,然而她却没有看到一只猴子。

"今天猴子们都跑到哪儿去了?"

"现在是交配时期,他们都回到洞里去了。"

"如果我丢些花生给它们,它们会不会出来呢?"

"我不知道。"管理员说,"如果是你,你会吗?"

当物质的需要被满足后,更高层次的需要被满足才会有幸福感;但如果三十岁以后,还沉迷于老庄所描述的文字环境里出不来,那就是陷落于相了(因为不能悟到即体即用、明体达用、体用一如的道理)。

在每一个当下,在观察人事物本来的时候,不带有主观投射,不执于自我知见、欲求,用心感受众生一体的自我本来,完全空下心来去感应人事物的自然能量流并适时相应,对应交融而后风过无住。

很多时候,需要我们不做假设性的自我设定,不做假设性的自我限定,不做预先性地给他人定性。因为有了假设性的自我设定,就会认定什么事都跟自己有关系;做了假设性的自我限定,就会单向合理化;做了预先性的给他人定性,就会以假为真。

很多时候,假设一个或者多个事实,容易让自己心生妄想,注定会让我们痛苦,并且在我们的心里,留下大量错误和虚假的观念。这些观念实际上是我们的心意识贴上的一个个扭曲了人事物本来的标签,更可怕的是这些标签一旦形成,一旦被自我强化,无形之中,我们就会习以为常地参照标签去解读一切,就像戴上一个个有色眼镜,让我们在假设性的自我限定中,误解一切,曲解一切,选择性接受。一旦我们在知见和情感上给他人定性,我们与他人就有了隔膜和屏障,就很难观察到人、事、物的本来,并且很难再按本来的样子去感知到他们。

比如"他非常了解我,不需要我告诉他,他就会知道怎么做。""他应该了解我,知道我要什么。"如此等等的假设,在别人没有按照他想的这样来对应时,别人没有按着他设定的应该的轨道来对应时,那么,他的自我合理化答案就被否定了,自我期待就落空了,痛苦就来了,他一旦体验到了这种痛苦,就容易陷在痛苦中而丧失向别人提问,求证,确认的勇气了! 他还自觉是别人伤到他了,其实不过是自导自演的梦的破灭,与他人何干?

很多时候,我们总觉得自己是唯一正确的,甚至把这种以假为真的,想当然的,看成是正常、正在发生的,为捍卫自己的这个立场,这个想法,很多本来互信的基础、良好的关系都遭到了破坏!

很多时候,我们认定了自己先入为主的想法和观念,遮蔽了他人和事实本来,我们总认为他人的想法会和我们一样。于是,当我们听到了,看到了他人不同的想法,不同的做法的时候,我们的内心会非常的恐惧。而恐惧的背后呢,是害怕面对这种脆弱的虚假的自我认同,害怕不被接纳,于是,我们先去拒绝别人,不给他人排斥我们的机会。

我们要清晰地了知:自我假设的前提,一定是要建立在对客观事实观察了解的基础之上。比如爱情,一个人爱上另外一个人,两个人建立亲密关系之后,他(她)可能就会为自己的爱去寻找理由,去合理化自己爱对方的行为。当他在合理化自己的前提下,他就只愿意在对方那里去看到他想看到的东西,对于那些他不想看到的东西,他就会合理化自己,"那只是暂时的,那也许是对我的考验,我的爱可以改变他,他可以为我而改变"等。而实际上,很多人的爱,都是在通过对方,爱着自己。这样的爱呢,既改变不了任何人,却往往会把自己陷入自己所设定的陷阱之中。什么样的陷阱呢?假设性的自我设定。充斥着这种自我设定框架的爱不仅局限自己,让自己活在假象里,也隔离了他人,无法真正地融入对方的爱与生命。事实上,如果有一方改变了,那也是他自己愿意改变,可能你有一定的力量影响到他,但不是因为你有改变他的能力。我们没有必要强化自己改变他人的愿望和能力,任何一厢情愿的自我假定只会给自己带来失落和痛苦。任何人、事、物的改变,需要自我内在的动力与外在推力的和合共振才能达成。真实地看到对方,了解对方需要的正是你能够付出的,才有和合共振的一致性。

如果有一天,你突然发现他的缺点多于他的优点,你是不是从此就不能接纳他,不能容忍他了? 而实际上是,你对自己产生了怀疑,你对假设性的自我限定产生了动摇,你的预见性地给他人定性,让你产生了痛苦。在这样的心态下,你还会好好地去爱一个人吗? 还能真实,自然地去看见那个你曾经爱过的人吗? 真爱一个人就是完全接受他人本来的样子,完全包容他真实的面目。爱是没有任何附着和伪饰的。如果彼此都隐藏自我,都想去塑造一个自认为对方喜欢的假自体,那么,角色的扮演与自我的真相就会发生冲突,一旦这个面纱被撕去,剩下的就是相互的失望和质问。但如果换个通道,彼此在这种情况下,能够认识到借假修真,返璞归真,伤害就会减弱,赤子之心显露,建立良好的关系就会重新开始。

　　如何建立正确的知见,在正确的知见上认识自己,体察他人,需要我们在观察中感受,在感应中对应,适度而不过度,投入而不沉迷。

　　有了正确的知见,有了适度的投入,即使事倍功半,也不至于让自己陷入到受挫、内疚和太多的懊悔之中;凡人事都尽了心尽了力,我们就会接纳自己选择的结果,不会自己审判自己,自己排斥自己。

　　当然,在尽人事,知天命的过程中,也不能过度用力、用强。做人做事,过度用力、逞强用强,除了会透支我们的体力,空耗我们的精力,也许还会造成事与愿违,适得其反。因此,我们需要在错误中学习,适时调整预期。许多人,只有在预期能得到回报的时候,他们才采取行动,只注重结果,不注重过程。实际上,过程与结果是相应的,注重过程管理,才有好的结果导向。过度的投入与过度的谨慎都是缺少中道度衡智慧的做法。

很多时候,当我们在知见上,选择"我要做",自主驱动,因上努力,果上随缘,在不过高期待的情况下,我们所得到的回报会远远超出我们的想象。如果选择"要我做",被动牵引,就会在空想中打转,不情不愿,身在当下,心系过去,就会在心里充满着自怜和痛苦。

手势看得见,手段却看不见;智商测得出,智慧却难测;温度量得出,温暖不可量;文章写得出,文化却难说。有形的与无形的,隐藏的与显露的,需要我们去观察、去感受,去了知、去觉悟。相上观,用上察,体上觉,体相用一如,无缝对接对应方能彻悟明心。

觉知乃照见,是一面镜子允许一切的呈现,而没有任何评判合理化的主观臆断,允许一切主观上所谓的好与不好的念头自如来去,真正的觉知是见体,看到那个念头产生的来由,是清理碎片释放潜意识的压抑的东西的。每一个念头对应着不同层次的信息,也就对应着不同的能量,不同的物质呈现,信息层级越高,能量越大,自然不受低层级的外在干扰。

当我们的身心灵时刻处于对话阶段,对应阶段,我们就没有了对立和评判,我们的生活里就没有了自我的审判和自虐的迫害。我们就会明了:当我们的知见中出现一批批的"责任"评估审判者,出现一个个为了能被别人接纳而扭曲自己的自虐受害者,出现一次次的道德法典教化者而取悦我们自己时,就会妨碍了自身的自由。但是,当我们在知见上搞清楚了问题所在,勇敢地去打破这些后天形成的垃圾程序,勇敢地去发出内心的声音,勇敢地去用自己的身体和心灵追寻自由,用行动挑战粉碎僵化束缚的自我时,你会惊喜地发现,问题的解决变得十分容易,你的确很容易地就找回了真实的自己,做回了自由的自己,去过上自由自在的生活。

第二节　观念的源头在哪里

观念的自由如何实现，首要在独立思考上的自由。

我们要知道我们文化的根落在哪个点上，要知晓形成我们观念的源头在哪里，是什么样的内在在指导我们，又是什么样的内在的困惑在障碍我们？

在发展进化的过程中，中华文明最终落子在文化之根上可以浓缩为一句话："佛心道骨儒皮"。

我们首先来看承载着文明发展的语言。

因为文字诞生意味着自身进化的过程，就是文化。是人自身的历史。我们祖先创造出的东方汉字被认为是"神的语言"，因此有"仓颉造字，天降大米"之传说。汉字从象形文字高度发展而来，其内涵极为丰富，不仅是理性、感性以及灵性多重复合的语言，更是接近宇宙语言的全息语言，需要左右脑协同工作的"全脑语言"，因此，我们国人在思维上更容易兼容灵性和理性。

如：吉。士之口。修真之人所言。符合天道。故吉。所谓君子金口开，好运自然来。因心真而成真。言之成者，诚也，说的就是内心之真。

古。道化为口。就是真实的历史口口相传。文字之前的历史谓之古。历史本身由轨迹之意。上面十字，意味着时空纵横，下面为口，口口相传，文字信息内容是天道化入人心的过程。

贪。今贝也。念在贝上，心不见了。眼光向外看是投射，放光就是启动本能意识，对人、事、物的关心、注意、自由选择等，眼光的强弱直接体现出了判断力和意念力的识别。人在本能意识时不是思维的思维,是高于思维的快速思维,是最直接最可靠的能力。

最高就是"现"。现者王之见,是真实的,是事物的本来面目。事物显现。这一刻就是当下。现者在也。唯现者在。这是真正的存在感。我意识我体验,故我在。笛卡尔说我思故我在,这是西方的思维,和东方文化是两个层次,两种文化。

经过几次的汉字简化,文字里的信息能量已经大打折扣。

西方国家是以字母拼音为文字,不仅信息容量小,满足不了简洁直观性和高度复杂性并存的信息传播需要,而且,西方语言是"理性"的语言,分析性的语言,主要通过左脑运行,因此西方人思维偏于理性和分析,灵性显然不足。

文字承载的信息不同,或放大,或局限人的思维的表现就不同,所以,东方人善于内外兼修,多元思维,注重"返璞归真",在"阴阳调和"中建立新天道平衡点,从根本上来认识和理解宇宙更高的实相。西方人则善于"向外看",偏于"直线思维"。西方的科技和社会发展,主要依赖于"经验主义"和实证思想的指导。这种主要关注"外面的世界",从物质世界的"经验性实证"中吸取得来的"科学知识"而发展起来的西方社会,会离宇宙的真理越来越远。因为他们"不认本心,学法无益",一些科学越发达,对宇宙的秩序破坏得越大。爱因斯坦就说过,"我害怕有一天科技会取代人与人之间的交流,我们的社会将充斥着一群白痴。"

宋明以后,真正的道家和佛家都已经式微,国人对"佛之心"、"道为骨"的认识只停留在道士与和尚,道观与寺庙的外相上了,唯独对"儒为皮"不离不弃。前几年西方文化界来中国寻访道家人物,得出来的结论就是中国已经找不到真正懂得道家思想的人。

有人说,体现最高文明的是宗教哲学。佛心无我慈悲,其"空空妙有"展示的是更高的宇宙实相,让人通过佛法的修学,知晓"凡所有相,皆是虚妄"的宇宙在无常中化合的运行奥秘。佛法教人"看破","放下",强调"苦海无边,回头是岸",是"离世之学"。

佛法内容,博大精深,有很多方式和法门"济世度人",但佛的"空"境与因果轮回思想,必然不会鼓励人们积极参与世俗的事务。佛陀本人以"出家人"形象示现,而不做俗世的"转轮王",此中就大有深意,说明佛家的本质并非"入世",而是"劝世"出离。

无为的仙风道"骨"。道骨的着眼点是"有"而无为,是"入世之学"。要想"空",先得"有",如同武功,要想"无招",先得学"有招"一样。道家"一呼一吸间,一动分阴阳"的智慧,是人类体验和提升过程中的必经之路。

佛家看到了"生死如一",人要病要死,不必在意,"空掉"即可,采用"放下"和"接受"的态度来面对。道家则认为:人还需要这个身体来做事,因此在承接佛家"性本空"的前提下,会积极发展医学和养身、健身的各种方法,用"有为法"来帮助人们保持健康和治病救人,还用其他各种有效的方法来帮助人们更好地过世俗的生活。

佛家在灵识本体上直接作用,既无我,何须执;道家在心身层面"无为"修为,无中生有,有也归无;儒家则在礼义廉耻,等级面皮上死下工夫,所以国人最讲究面子,不太注重内里的修为,把心思停住在表象上。

佛教在长期的发展中,已经形成了很多固定的教条教规,复杂的宗教仪式,严格的等级次序等完善的宗教体系;本来佛法最核心的教义,是建立在"众生平等"基础上的,佛陀本人也常常提醒人们"我在僧中,我不领众",生活方式和地位都是与大众一样的,所谓的"首领"只不过是一个开启智慧的老师,没有也不需要特权。但是现在,由于受儒家等级次序的影响很大,佛门也处处讲"师承地位和来历身份"等外相,热衷于各种"法会"、"庆典"等排场和礼仪,有点违背佛法的真意。

因此,作为宗教体系化了的佛教,目前很多教法已经违背了佛法的真意,可能更容易让世人迷失在偶像崇拜和个人崇拜中,让大众更容易迷失在各种迷信活动中,忘记了自己"本自具足"的自性,忘记了需要从自己的"心"来解决问题;而要从佛教内部来恢复佛法的正法,清除流弊,恢复佛法自然本来,需要机缘和大众的善加努力。

未来的社会,依然有一些致力于理解更丰富以及更高程度宇宙实相的人,他们需要去专门研习真正的佛法。一般人能够理解佛法的基本概念因果和轮回就很好了。

而道家思想,由于历史原因,一直很"低调",不太为人所知。即使知道,也往往以歪曲的概念来理解。比如很多人认为道家是"出世"的,入山隐遁是"消极"的,还有人认为道家是通过"炼丹"来追求"长生不死"。其实,道家本身具有多元化信念价值体系的特征,强调个性和变化,同时也强调兼容性。因此道家思想在本质上是反权威,反形式的,不容易为特定团体所利用。

目前道家和道教虽然都很衰微,但是与基于宗教利益需要作出不同的解释的各种教派相比,在道家这里,更容易找到原始的,未被后人篡改的思想。道观宫观以及活动方式往往是佛教庙宇的模仿品。长期以来,国人也不认为道家思想文化和道教是一回事情,很容易把"道家思想"与"道教"分开,因此道教本身对中国人几乎没有什么实质性的影响,可以忽略道教的宗教性质可能带来的影响。

有人也许要对"佛法出世,道家入世"的说法依然有疑问,说佛法不是说"普度众生"吗? 很多菩萨们不是都以"济世度人","有求必应"为人生目标吗? 为何却说佛法是"出世"的呢? 道家讲"道付有缘人","不求不应",看起来冷冷的样子,还不如佛家积极有为呢?

如说,人生如戏。佛家说"人生八苦,苦海无边,回头是岸"。道家则是在人生中更有智慧地去"体验",在"尊重每个人的自由选择"原则下"无为"而为,体验过了就放下,"功成而不居"。如历史上的范蠡,他的人生棋盘玩得都很大,玩得也很好,但最终却选择"放下一切",决不执著。

随着现代人生活方式的逐步西化,不得不让我们把眼光投向西方。

基督教本身是一个将个人的自主思考和行动权利收归于宗教的团体,要求人们一切服从于上帝的旨意,宗教性较强。现在西方的"新世纪思潮",则强调个人权力和自由意志。但是,由于"不明本心,学法无益",他们开发了各种灵性修炼方面的内容,却缺乏"明心,见性"的具体修法和指导,无法真正明白宇宙的实相。而且,他们得到的信息来源非常复杂,各种层次很混乱甚至互相矛盾。很多参与者往往弄得自己的心很乱,学了很多东西,却无法与自己的现实生活产生良性的互动,甚至会对参与者的现实生活产生破坏性的影响。

佛法说,未得正觉,不取神通。如果不具备对宇宙实相的真正认识,所谓的"灵性开发"等,只会给人带来更大的困惑。因此,作为一个新的,尚缺乏完整体系,内容驳杂的西方"新世纪思想",是无法成为将来世界文化主流的,更不会成为中国人的文化主流。它只是现阶段作为"过渡期文化现象"的一种特殊表现罢了。

佛陀拈花,迦叶会意微笑,被认为是禅宗的开始。当年,万里之外的印度,有一个高僧,告诉弟子说,"东土有大乘气象",要他随机而动,随缘教化,去东土传法。这个弟子来到中国后,感到的却是无力,也无人来"聆听教诲",自己常常面壁经年,默然而坐。但最终事实证明高僧的预言的成真。后来的"大唐国师"代表了当时世界文化的最高峰。达摩祖师的"直指人心,见性成佛,不立文字,教外别传",经二祖慧可、三祖僧璨、四祖道信、五祖弘忍、六祖惠能等大力弘扬,终于一花五叶,盛开秘苑,成为中国佛教最大宗门。

历史总是有惊人的相似,当下的中国人在被"历史和命运"选择,在拥有未来的辉煌之前,将遭遇何种"历史的考验"呢?哪些人才能经过这样的考验,变成承载和传播中华东方文明文化的"世界火种"呢?

我们在路上,在修习中,在真理面前,人人平等。

第二章　和而不同的文化环境

故事一。

我们知道,棉花可以织布,布可以换钱。有两人,去一个地方收棉花,回家换钱。走在路途上,两个人都看到了一捆布,其中,有一个人,丢下了棉花扛起了布。另一人则不以为然,两人继续往回走。突然下起了雨,扛棉花的人由于棉花袋体积大,走得越来越吃力;扛布的人,由于布体积小,所以走得快,先一步来到市场,卖了个高价换了大钱。姗姗来迟的那位只换了点小钱。

思考启示:

有些人能突破传统思维,但不懂得突破自己,是不是就会变得愚昧固执而自以为是呢?

从这样一个现象里放大想想看,我们身边的人是不是这样?

比如,一个人开了一个加油站,生意特别好,马上第二个人也会跟着开个加油站,接着第三个、第四个……然后呢,价格大战,恶性竞争。开店铺是这样,生产产品也是这样,畅销产品一出来,大家想到的不是创新,而是一窝蜂地山寨、仿冒,竞劣机制;如果换成犹太人呢,一个人开了个加油站,生意特别好,第二个犹太人会开个餐厅,第三个犹太人会开个超市,这片区域很快就繁华了。

这就是文化思维的区别,创新意识是先进文化的前提。文化倡导什么,故事的结局是关键。

文化的最后功能是看载体或故事的结果,因为最后的结局才是点化人行为取向的原点。

文字或故事都是文化的载体,道德、传统在物质成功的实例面前是脆弱的,人类最容易在乎眼前的东西,而不在乎未来会怎么样。

古语说,穷生奸计,富长良心。当然,穷人不一定都有贪婪的心,富人不一定就都有智慧的心。比如故事里,作恶者最后结局是发大财了,飞黄腾达了,最终人们慢慢都学做恶事了;比如故事里,扶倒地者、行善者最后结局都很惨,人们慢慢都不想做善事了。所以文化倡导什么,故事的结局很关键,结局才是思想工作的钥匙。

一个社会只有让行善者得好报,作恶者得报应,才能有祥和的氛围。比如《孔雀东南飞》,就是挂了东南枝后还是复活了,这在古代也算浪漫;《牡丹亭》也是复活,最终圆满的结局;世界上最伟大的复活是耶稣,多少人因信称义。

生于忧患,死于安乐。文化既是现实的,又是超现实的,结果决定方向。

观察时与他人目光接触。目光最能够透露最真实的信息。比如警察在搜索中突然停住对着某人看,而某人会自动不自觉地突然逃跑。这就是眼光接触后的判断。是思考吗?是,也不是。许多信息散布在空中。心的感受能力强就能够感受到很多东西。一些事情能提前被感知。比如某种危险,比如有埋伏等。感知能力的下降,意味着生命力的减弱。提高心的纯洁是真正强大的根本法门。

人是有意识的动物。意识的重要性对人的本质非常重要。比如，身体良好时，对身体没有感觉，而有疼痛时马上就会感觉到。说明什么？意识到了，意识被唤醒，唤醒了就是一种存在感。随着感觉的迟钝，刺激需要加强，就会发展到被虐待。

我们说借根修本，悟道修身。佛法中说修心和戒色（指无常中变化组合的物质）。在古语"食色，性也"中称之为饮食男女。所谓饱暖思淫欲，通过文字描述，只得其形，并不了解内涵，迷惑了很多人。马斯洛的五个需求最高的是获得社会承认，这样的存在感，也没有触及根本，所以，对人的根本性了解，也存在局限性，不究竟。

中国很多人在满足生存的时候不去追求其中的任何一条。

有一个成语，叫"叶公好龙"。而真龙来了，叶公却吓跑了。人，其实接受的是他自己想象中和理想中的那个完美的人，泛化到我们家庭和社会中来，我们是不是总会对自己的妻子、丈夫，老板、公司不满意？为什么？宁愿活在叶公好龙（做框子）的理想国里，也不愿意去做画龙点睛（相互补充提升）的创新者。

中国文化完美化色彩很浓。"画蛇添足"这个成语是不是完美主义思想？过分的完美主义。为什么中国历朝历代的官员贪污腐化者众多，就是中国文化中的完美主义色彩太浓。贪婪是完美主义的另一面——做最有钱的人，做最牛的人。

国人的思维积习总是把自己当个人物，不能做老大老三，也要体现人五人六。生活中，没个像样的衣服出不了门；不紧跟潮流拿个 iphone6 都没面子；官员出去，没有人拎包打伞那是掉价；而布什总统骑个山地逛长城，美国大使自己坐经济舱来中国上任，出去办事自己掏腰包，这对中国官员来说，觉得是不可想象,简直是不可思议。

西方人能接受断臂的维纳斯,为什么?因为西方文化不在意完美,西方文化的优点就在于它的动态美主义,不把人的追求固化在某一点上。埋头拉车重要,抬头看路更重要。没贪的人不能证明这个人不贪婪。很多现在贪的人,过去也是一身正气。看一个人是否正气,是看他当权后的表现,得势的时候才能看出一个人的品格。

当然,穷人不一定都很清心,富人也不一定完全都是贪婪。人世间很多事情无法探究是非,只能看他的理论和构想是否合乎客观现实,是否有益大多数人,也就是利他利己。

我们不能将自己的文化背景地位等马甲强行硬塞给别人,甚至硬要他人穿上,而要站在同一个水平面上,平等理性地辩论交流,共生共融。一个民族,总有共赢合作的意愿,这就是民族感情。没有和而不同,共赢合作这一契合点就不是一个民族的立场。合作寻求契合点才是建设性的求索。大家的利益才是终极利益,只有把自己的虔诚奉献在这个旗帜上,齐心协力,全民共赢,才是鼎垂正道的大义。

文,化之以礼仪,很少有国家,像中国一样拥有如此漫长的历史,也很少有国家敢以"礼仪之邦"自我标榜。按理说,天朝上邦,应该是八方来朝才对,实际上,当国人走出国门的时候,才发现种种尴尬迎面而来,一些国人在外种种的不堪行为随处可见,这时,许多人归因于社会的物质化和道德的沦丧,却从不会质疑中国 2000 余年以来的"礼仪文化"自身也携带着糟粕,也就是这张"儒皮"里所包裹的"礼"里有一些已不合时宜了。

第一节 "礼"与社交文明

许多人会说,中国人受几千年的"礼"法教育,应当是在社会交往中,最懂礼、知礼的,事实上是这样吗? 不见得。

"礼"的最早本义是,只有履行尊重神仙的制度和行为,才能得到鬼神的祝福。

到了西周,周公将"礼"的范围扩大,扩大到了三个层次:

第一个层次,人与鬼神、人与人、人与自然间的关系准则,相当于现在的哲学伦理;

第二个层次:对统治者行为的要求和规范,相当于现在的规章制度。

第三个层次:相当于现在的法律,规定了一系列的制度,如邦国的建制、兵刑制度。

为了更好地管理社会,周公对西周的政治典章制度和道德规范通过文字的形式加以确认,从而形成了一套较为完整的有关邦国建制,政法文教,兵刑,赋税度支,膳食衣饰,寝庙车马,农商医卜,工艺制作,各种名物、典章、制度。

也就是说,中国最早的"礼",也就是"周礼",是为了便于社会管理和统治而出现的,与社交文明没有产生直接因果关系。

第二节 "礼"的异化

这样的三个层次,在秦汉之后,发生了不同程度异化,"礼仪"异化,成为了反文明的主凶。

在周以前,"礼"是用来作为敬神之用,但神有远近、宗族和辈分之别,因此,为了体现这种层级,便有不同的外在表现形式,这种外在的表现形式,便是"仪",可以理解成今天的"待遇规格"。

孔子、荀况、董仲舒等人,对这种规则进行了不同程度的改良,这种改良的方向,迎合了统治的需要,形成了最初的封建礼制,最终在汉朝建立起了全社会的等级制度。它的核心及所要解决的中心问题就是,尊卑贵贱的区分,即宗法制。宗法制为人为地制造社会的不平等提供了现实途径和理论依据,并将不平等逐步合理化、自然化。

孔子把世人分为两类人:君子和小人。孔子口中的君子,与品行无关,是指那些有身份、有地位、有知识的人;而小人呢,是无官职、无地位、无知识的人,对这两类人,要有不同的"礼"来对待。

到了荀子时,他认为"礼"的作用,是在于"明分使群",意思是为了使贫富贵贱各有其等级,并且需要强化这种等级性,使大家在认同自己所处等级的基础上,实现社会的和谐,使人甘心于自身所处的环境与状态。

到了董仲舒时,为维护封建等级制度提出了"三纲五常"。他先是把三纲说成是"天"的意志,赋予它以神的权威,用"阳尊阴卑"的思想,论证了三纲的主从关系不能变化和颠倒,把封建统治的等级秩序神化为宇宙的规律,论证了封建统治的神权、皇权、族权、夫权的合理性和永恒性,为中国封建社会的纲常名教制造了理论依据。从此以后,"三纲五常"便成了封建统治者套在人身上的精神枷锁,将人为的不平等合理化,让人们认定其为宇宙真理和自然状态。

而历经二千余年后,这些礼制思想,成为中国人走向文明社会的一大障碍,成为反文明的一大主凶。

西周初年,民本思想开始兴起,鬼神之道开始弱化,周公明确礼教,这时的礼教,核心就四个字,"敬德保民"。推崇自然和人性的规律,"民心所向,天必从之",也因此,才有"周公吐哺,天下归心"。

但这种情况到了汉代时,又变成了另外一个样子。

当时,自信满满的汉武帝过生日,有个新任大臣没有来,便问他缘由,那人说给自己的父亲过生日去了。汉武帝就很生气地问,你老父亲重要还是我重要? 我们想想,那个大臣会怎么答? 大臣说,"当然我父亲重要"。

大臣不怕得罪汉武帝,敢这样说的基础是什么? 在汉朝以前,父亲比皇上重要。因为在春秋战国时期的人的眼中,国君如同于我们今天的一个企业的董事长,而父亲却是至亲,如果董事长问你父亲重要,还是他重要,你会认为这个人思维逻辑有问题。

但历史的转折往往会因为一个小小的浪花而改变航向,这个大臣的回答,让汉武帝非常扫兴,如果天下人都不以皇帝为权威,如何维护统治,于是便告诉董仲舒:以后不要再发生这样的事了。

从此,中国历史上为期数千年,从没间断的礼仪教化开始了,汉武帝和董仲舒一起,把符合封建统治利益的政治观念、道德规范等"立为名分,定为名目,号为名节,制为功名",用这些对百姓进行教化,称"以名为教"。其内容就是三纲五常,所以也有"纲常名教"的说法。他先以"孝"为切入点,告诉世人,我们一定要孝顺父母,凡事听从父母,这点世人是接受的,但父母该听谁的。该听官府和上天的,这是常识。但他没有太多告诉大家,官府听谁的?听皇上的,上天的代表是谁,是皇上。

《孝经》共十八章,其第一章便讲,我们的身体皮毛,都源自于父母,应当倍加珍惜,这便是孝。随后,他再告诉你,这只是"孝"的开始,真正的"孝",是要光宗耀祖、建功立业,侍奉于朝廷。后面有近十六章,表面上在讲孝,其实都在讲"忠",讲"忠孝"不能两全之时,要尽忠。

统治者会对符合统治思想的人,给予一定的名分,让他成为全社会的榜样供大家学习,以维护其统治。

因为很多统治思想本身是与人性和自然规律相违背的。因此,在一个文明社会中,这些榜样的行为,往往是反人性、反亲情、反社会常理的,如为了保全名节自杀,如为了贞洁不再嫁(如黄山西递的牌坊群),如舍身成仁,如为皇上杀家人等。

中国的"名教"(也就是礼教),是为普通民众量身定制的方案,它在全社会有计划、持续地培养人们对好名的欲望,为了"名",可以舍情、舍利、舍命。

后来的宋明理学对名教又来了再一次的升华,其中心是"灭人欲,存天理",而这里的天理,便是"名教"思想,将"天理"和"人欲"对立起来,而这种对立要达到的效果,是统治者对"人"的全方位把控。于是,这样的礼教成为了伪善者的道德狂欢,是人性沉沦的始端。

而在欧洲,这时正倡导人文主义,主张"人乃万物之本",反对桎梏人性的封建特权和神权,主张民主、科学、自由、平等、个性解放。但因为礼教及理学为巩固封建制度服务,为统治者欣赏、提倡,朱熹因而成为中国古代史上与孔子、董仲舒有同等影响力的思想家。对于"存天理,灭人欲"这个朱熹理学思想的重要观点,笔者认为,它承接了政治儒学的思想理念,虚伪之极,伪善之极,也难怪王阳明的心学无法跳出儒家的圈子,从而导致他的思想局限。因此,我对这个观点的改良态度是:存人欲,和天理;天地泰,念无心。

明朝为什么会是明呢？当初朱元璋加入了一个明教组织,后来替代张三丰成为所谓的英明神武的明教教主,这个"明教"与那个"名教"是有广泛的内在文化联系和民意民心基础的。皇家与宗教、宗族与庶民总是相互组合,处处体现神权、皇权、族权、夫权的存在。

实际上,当一个社会否定民主、自由、科学和个性,却要控制人们思想的时候,不管以什么样的名义在做事,都将无法阻止人性和道德的沉沦,在一个反人性的社会中,礼仪教化永远是朝文明相反的方向进行的,同时,任何违背基本人性的道德教育,都将是伪善。

在一个长期等级森严的威权社会中,人们对于威权和强权的认知,近乎达到了像认同普遍性真理一样的程度。人们认为威权者是有必要存在的,并且利大于弊,人们以"为尊者讳"的礼教思想,将威权者崇高化,李世民为权杀兄逼父,成吉思汗和子孙杀人千万,仍然被当成英名君主和一代天骄,中国人更信奉暴力和强权的力量,并且不断用谎言美化暴力和强权。

　　为什么在中国人心目中邪不胜正？因为邪恶总是在掌握强权后，用谎言将自己化身为正义，并随时准备用暴力解决那些想要揭开谎言的人。在暴力强权之下，所有的人，都只能得到对的尊重，老百姓尊重县官，县官尊重知府，知府尊重六部尚书，尚书尊重丞相。然后，这种关系是不能倒推的，上一层人获得的尊严和尊重，大多是以牺牲下一层人的尊严和尊重为基础的。然而在礼教的长期宣传教化下，这被当成了美德，有着天然的合理性，并且人们还能从中品味出美感来，如何给皇上跪，标准姿势是什么，怎么退出去，都有讲究，人们乐在其中，并且当成了文明礼仪的重要部分。

　　中国的封建礼仪文化，很大程度上是"奴才文化"，是建立在人与人不平等的基础上的相对尊重，与现代文明中的相互尊重相差太远。一些人认为，只要得到三样东西，就容易得到不同人的尊重，分别是权、名、钱，同样，他们有这三样东西后，就可以不用"尊重"那么多的人了。

　　如果一种礼仪或"文明"，是以牺牲另一部分人的权利和尊严为基础的，不管如何悠久，不管如何被美化，都与文明世界无关。

第三节　"礼仪"文化与文明之邦

　　国人的精神从家庭出发，从对于家庭成员的爱出发，再扩展到亲属，到村，到县，到市，最后到国家层面，这样的社会基本组织形式是什么？是家庭。在中国，最有效率的私营企业往往是家族企业，企业的家长用仁爱来保持家族的稳定和团结。而一且这种仁爱的家长消失,企业往往就会处于混乱之中,甚至出现派系征战,钩心斗角的情况,组织效率就会迅速下降。用老话讲,这就是"离心离德"。

因此,中国自古以来强调"以孝治天下",国家通过这种家庭成员之间的天然之爱,引导扩展到社会的各个层面,这种由家庭之爱扩展出来的品德,国人称之为"仁"。"孝"是建立"德"的前提,"仁"是"德"的展开。遵从上述思想的行动被认为是"道"。所以中华文化思想库中的"道德",就是以"孝"治"仁",孝备而家齐,家齐而国安。"孝"在家的内化是父慈子孝。但父亲或者君王的慈爱需要一定的威权来平衡,否则会给野心家带来机会,中国历史上弱君而能保持国家稳定的情况几乎没有。

那,如何保持君权的威仪呢?又,如何实行威仪的内外有别呢?

对内的威仪。

中华文明的一个外化特征就是"礼",无论何事,从礼开始,强化"正名",名正则言顺,言顺则事成。在国家大事上,国家会通过各种各样的庆典来彰显这种威仪。如古代,对天地的祭祀,皇帝年号的更新等;在今天,国家的威仪彰显不仅是通过举办各种大型活动来展现,而且直接表现在了国家信息平台的传达过程当中。

对外的威仪。

对外的威仪,一句话就是"面子"二字。为什么中国人做什么事都要讲面子? 原来,一个人有面子就是他在所属的群体中得到了认可,这个面子,从吃、穿、住、行的各个方面决定着国人的行为方式。在官场,绝对的顺从就是最大的面子。

中华思想,从儒家的孝理论出发建立起来的社会制度,为了这种制度的长治久安,派生出了一个新的自我约束概念"廉"。廉的目的是要防止对于各个阶级平衡之间的过度侵害,从而保障社会秩序的整体稳定,但这个"廉"的目的绝不是"平等"。

所以,一方面,中华文化思想表现出"重面子"的威权特质,其表为仁义道德,其里为利益分配和人身依附,由此发展衍生出种种特例。如:给予最高待遇——破例。

在中国礼仪文化中,上到统治者下到平民百姓,都以得到"破例"待遇为荣。在很多人的潜意识里,没权、钱、名时,会特别遵守规则;而有钱有名之后,却轻视一切规则,这种在礼教中所产生的人格分裂是我们的礼仪文化所结出的异果。

如,一个人没当官,会痛恨当官所为;如果当了官,却乐在特权之中。长期的名利化的礼教思想,让人只对利感兴趣,就算口中提到公平正义,也往往是获得名利的道具。只要你最终能获得大的名利,其他人甚至能接受你所有罪行,并赞许你的强大。

这种礼教之下,我们一直都在追求仁、义、礼、智、信,而事实上,说一个人会做人,往往是赞许他是如何的圆滑、世故、玩弄权术、绝情冷漠。

几千年来,中国人深谙礼教学说,精通世故之学,唯一遗弃的是对真理的追求,对正义的坚守。论资排辈更是扼杀创新的罪魁祸首。

在封建礼教中,学生若违背老师意愿,儿女违背家长意愿,下官违背上官意愿,都视为不道德。同时,老师喜欢听话的学生,不喜欢有独立思考精神的学生;老板喜欢听话的下属,不喜欢有独立思考精神的下属。一个在威权意识下长大的人,任何与自己意见相左的行为,他都会视为对自己或已有秩序的挑战,这些都是不被允许的,因此,我们的创新精神与个性,在儿时便被过多地剔除掉了。

在餐厅宾馆，我们经常能见到有人对服务员的各种苛责，因为在我们的潜意识里，"礼不下于庶人"，不必对"下"拘泥于礼。礼，是留给"上人"的。

人们都忽略了一点，我们面前站的每个人，他首先是"人"，然后才是不同国家、不同民族、性别、贫富的人。而在一些心目中，人往往分两类，一类是有权势的，另一类是没权势的。在权势面前，他们所有的言行都会自动对号入座。

"如果一个人长期喝牛奶，喝到最后身体却出了问题，只能证明一件事，牛奶是有营养，但有人在牛奶里放三聚氰胺。按常理，人们会拒绝再喝这种牛奶。但在对封建文化反思的过程中，可怕的是，很多人都在找，到底是在哪个环节放的，却不会去拒绝牛奶。人们都在说，牛奶本来是好的，只是有人放了毒药，然后边说边喝。更有甚者，惊喜地大喊一声，我在三聚氰胺中发现了大量的牛奶，这是祖宗留下来的东西，怎么能扔？"

实际上，社会追求固化在某一个点上，十分危害。

孟子说："其进锐者，其退速。"就人世间的哲理，孟子要比孔子认识的深刻（鲁迅对人性的许多观点理解，都可以从孟子这里找到源头，鲁迅说中国封建礼教满满的只有两个字"吃人"）。孔子讲的是"礼——术（落在术上）"，孟子讲的是"（承接道）道——理"，看起来礼是理的承载，实则完全不同。

释迦牟尼、耶稣是出于爱，去说义。孔子说礼术，教化的是尊卑秩序，孟子说的是真实规律。而作为庄子思想化身的周公才是儒家思想的创始人。

周公所奠定的儒家思想，其核心，只有四个字——"敬德保民"。

　　"德"的本义是顺应自然,保民的核心是"民之所欲,天必从之"。"敬德保民"的思想本质,是顺应自然,顺应规律,也即现在所说的科学精神,以民意为大,"民之所欲,天必从之",自然也是最早的民主思想。周公认为民意为大,他所倡导的已不只是一种思想,而且通过他的推行,变成了一种制度。很多制度,最初都是为王公贵族制订的,而非普通老百姓。家天下的思想宗旨,天下之人,皆为一家,皆为天子,都是上天的子孙。而君王,只不过是上天的长子。所以他可以代表家长来管里家中的各种事务。

　　作为长子,首先要修德,首先要知言善行,一言而定,不妄言,在行为上要为其他人做表率,让其他人能以身效法。同时,作为君王,必须像家中的长子一样,保护和疼爱自己的弟弟妹妹,并且虚心顺从他们的意愿,不要以长兄的威权处处压制他们的意愿、不要与他们争利,这样才能体现父母的本意。如果作为家中的长子,上不知道照顾家中的老人安康度日,下不体恤病弱与幼儿,中不听手足意见,那么他在这个家中只会变得越来越孤立,作为父母的上天,也不会让你来替他管理这个家,而是会换掉。

　　因此,最初的敬长明德保民,是要求君王和全体子民都要这样做的,而且君是要首先做到,以供其他人效仿。

　　文化需要创新,观点需要变化,创新变化的驱动力又来于哪里? 又去向哪里呢?

第三章 "三合一"的文化语境

第一节 文化时空

"佛为心","道为骨","儒为皮",使得中华文化落子生根，明心见性是大智。智慧大家有释迦牟尼、老子；庄子化蝶，自由精神；由于孔子对周文化进行了系统的总结，成为了知识的代言人，但他在以道为核心的周文化的本来的解释上，存在着一定的偏差和个人的主观见解。

中华人文始祖伏羲——太昊（先天八卦）和黄帝都是通道的修行者。河北涿鹿之战，面临妖魔鬼怪齐齐上阵，黄帝得到了代表上天的九天玄女的帮助，借这个外相也说明了"得道多助，失道寡助"的大道真理。

我们的历史就是由修行者创造和传承的。他们本身的历史就构成了历史和文化的核心。

孔子时代，修行者如老子、庄子、令伊、文子、列子等。与文子、列子同名的书里面记录了各种人、物、异闻、趣事等。很多人修有成就后再去做官，成为士大夫的来源。秦之后规定，修行者不得和官府往来，修行者后来扩散到民间。政治儒家出现后，士族更是慢慢异化、消失了。

第二部分 文化基因篇

孔子在求学过程中,三次拜会老子,在民间,拜见过很多知名人士。而在世界其他地方,由于普通人没有掌握知识,知识掌握在祭司和少数人手里,导致一些文明因传承窄化而显得短暂。中华文明由于广泛流传到民间,才使得中华文化绵延不绝。

当然,在学习的过程中,孔子也了解过修行并且实践过。但他要学习的是知识而非修行,所以只得了——"吾日三省吾身"。具体表现就是诚心正意。对于修道而言,这仅仅是入门的最基本的要求。但因当时修道的戒律和规范上没有非常的条理化(佛法还未传入),也没有体现于文字上,导致了他把以道为基础、为核心的周文化异化成了形式化的周文化,并且还是带有他自己主观认知的周文化。

比如"尊",本来是用来对人的态度,孔子则用来对社会地位的描述,还有道法的阴阳关系,本来是互相依存,相关转化的对流促进,他将其异化成了阳尊阴卑,男尊女卑,非礼勿视等,以至于被后人演化为三从四德直到裹小脚这种非人性的局面。不解道,难上道,将修道的行为规范加以修改推广到全社会,教条化,形式化。他的书基本是格言式的,如己所勿欲,勿施于人。许多是前人的总结,还有就是他的观察总结,因此说,他是知识的代表,一个聪明的具有妄念的知性(具有破坏性)的代表。

法家原来也出自周文化的大道文化。传到商鞅,完全脱离了道文化,把法家异化成为了另一个极端。他的《商君书》就是帝王术显示出的邪恶。至此,商鞅和孔子学说构成了"内儒外法"的君臣之道,开创了一个新时代。

在人口增加的过程中,知识由于其累积的特性以及适合普通人的缘故则不断增长,异化也同时在不断累积。孔子被后代帝王接受有其自身的原因,而另一面,对现成知识的拿来主义态度也是儒学被大众接受的重要原因。

孔子有着什么样的人格特质呢？他有着依恋型主体人格模式。据野史记载，他的父亲出身于贵族，和他母亲的野合后有了他。这导致生活在底层的他，在早年备受歧视，心里产生对贵族的向往，这是一个重要的心理特征。对地位、对名的向往，是他的追求完美型人格的动力来源。主观意识的使命感与对贵族的向往这个潜意识综合结果，成为一种妄念，造成癔症型人格里的急迫感，产生顺从性和投机行为，且偏执性合理化自己，自认为自己是周文化的集大成者和推广者，目的是为了天下太平。

孔子思想的核心基本上分为两块：一仁，二礼。一来在他早年从事的为亡人送葬礼乐的工作中，所形成的对祭祀、对礼的重视；二来他的知性特征决定了对知识表面的形式化而非灵性、非智慧的追求。另外，因为骨子里对贵族的依恋，他的追求完美型人格不能够包容和允许自己和他人出现"仁"和"礼"上的错，因此，孔子因为"礼"而启动了他的偏执型人格，不惜让人说他缺乏仁心也要杀了少正卯，还杀过很多表演的艺人。但他自己却因为见卫灵公的王后南子，而招致学生子路的怀疑与冷遇，以至于孔子不得不指天为誓："予所否者，天厌之！天厌之！"孔子见南子，千古一绯闻！

孔子的偏执性人格还表现在，据传他吃肉不是方块不吃，坐的垫子不合尺寸、不合规矩不坐，以至于他的妻子受不了他，离他而去。

还有他的癔症型人格，对孔子的影响作用非常重大。仅仅一次梦到文王的梦，就让他产生了复兴周文化的使命感，也成为他花十几年时间编写《易传》的动力源。于是，癔症型人格所产生的复兴周文化的使命感更是泛化成了后来带着弟子周游列国推销他的思想的驱动力,对贵族的向往和依恋使他认为他自己就是"礼"的化身,也就是周文化成了他礼化人生的内容。为此目标,孔子近乎不择手段,造反上位的人(违背仁和礼)他也去巴结,希望得到重用,满足自身的两个愿望,并且以忠于君王为自己的行为强迫性合理化。

后期的两件事对孔子影响很大。一是孔子再也梦不到文王了。这个癔症型人格的被弱化对于主体依恋型人格的打击非常大,导致他的使命感破灭,近乎失去人生的意义,时时产生累累丧家的心理疲惫。

其二是,他到产生过老子、庄子的楚国去推销他的思想,遇到小孩子正在路上用砖瓦石块磊一座"城池",孔子叫那个小孩子让路,而小孩却说:"这世上只有车绕城过的,还没有把城池拆了给车让路的"。孔子想确实不能把孩子摆的城池当成玩具,我这样想可孩子不这样想啊。我倡导礼仪,没想到让孩子给问住了。孔子十分感慨地对他的学生说:"三人行,必有我师!这孩子虽小,却懂礼仪,可以做我的老师了。"小孩都有如此智慧,让他知道了他的思想并不是最理想的。

一会,癔症里面的使命感让他飘飘欲仙;一会,追求完美型人格在现实中一旦受挫而退行,对主体人格造成损伤,这反映出孔子依恋型人格里特有的原生家庭自卑情结。当然,孔子对文化有努力探索的一面,也有固化守成的一面。

有师者说,老子、庄子属于自然人格,孔子属于社会人格(凸显人的动物属性,而摒弃人的灵性),普通百姓等而下之叫物质人格,有自然人格才可能成为文化的骨干。

借此说法,我们来梳理看看是否成立。

第二节　道儒之道

老子说，"知者不言，言者不知"。天下合久必分，分久必合。人无法选择时代，也很难选择环境，越有才华的人在乱世越容易受到伤害，所以后来魏晋时代出现的新道家就说"名士少有全者"。名士大多数容易卷入政治斗争。

儒家说天，以人为中心思考万物，叫作人文主义，天人感应，人为主观，人是价值的判断者，结果是扭曲了万物的真相。

道家说道，儒家以人为中心过于狭隘，自然界的变化，循环有规则，让宇宙万物各自成为自己的中心就好，所以用道代替天，说客观天道。

儒家说，知其不可而为之，苦口婆心要办教育，要你懂得人生价值观，可以不断的自我成长。明知达不成也要去做，最后目的达不成，还要去牺牲，不知是否值得？（如南明灭，当时士人10多万人在崖山投海集体自杀）

老子说，旁观者清，当局者迷。福兮祸兮，祸兮福兮……

儒家肯定人性向善。人这一生要择善固执，止于至善；道家讲真实，善与不善的标准是相对的，任何一个时代有不同的善恶标准，没有普遍共同的标准，那为什么要强调善呢？因此，道家认为不要先讲善恶，而要讲真实。不要加上主观色彩，让它本身自动出现。庄子说，拿镜子照什么东西，就显出它本来的面貌。

我们看人有没有自己的成见？有没有喜欢看就看，喜欢看到喜欢的部分，而忽视、忽略或者无视他的真相？

道家强调从真实再到美感。真实需要你平等的愿望，不要去曲解，要从整体来看。真实感受，自然欣赏，拿掉儒家天，换上一个道。

道，上天下地。空间时间，天地万物。道既不等于自然界，也不等于大自然，道是一个整体，宇宙万物是一个整体。

如果道是自然界，就是天地万物的话，老庄直接讲天地万物，何必讲道？直接讲天地万物，又难离道。天地万物依道而生，依道而灭，道是根源，道生一，一生二，三生万物，万物从道而来。

有一次，楚国的国君去外面打猎，回来的时候他那很漂亮的弓不见了，最后楚王说："算了，算了，楚人失弓，楚人得之。"楚人掉了一把弓，一定被楚国人捡到，因为在楚国的境界里。孔子听说就说："何必限定楚国人呢？就说人失弓，人得之。"一个人把弓失掉了，另外一个人捡到，可千万别被猴子捡去了。

老子听说后说，何必讲人呢？就讲"失弓、得弓"。

思考一下，你如果是一个国君，只照顾这国家的人，千万不要和别国的人混在一起。你是儒家呢，你要照顾人，可不能被猴子拿去。你是道家呢，管你被谁拿去，在天地里面跑不掉的。

儒家以人为本位，或者以自己为本位，所以让儒家学道就有一定难度，几千年政治儒教的浸染，是道文化难以真正复兴的原因之一。

孔子跟老子学过道，孔子看到老子之后，回家跟他的学生说，我以前不知道什么是龙，现在知道了，就是老子，神龙见首不见尾。

司马迁《史记》里，说到老子让孔子少些欲望，但，是人就会有欲望。怎么区分呢？欲望分两种，一种是自我为中心的欲望，如一个人总希望自己发财，别人倒霉；第二种是不以自我为中心的欲望,如希望国泰民安、风调雨顺。

老子叫孔子少些欲望,对孔子来说,刺激很大,孔子后来整个生命是转向不以自我为中心的欲望,希望服务人群,老者安之,朋友信之,少者怀之,受老子的影响很大。

那老子的思想,到底说了些什么呢?一个乱世里面,共同的问题是怎么样化解时代的危机,使这个世界不再乱下去,这是很大的问题。老子怎么说呢?老子认为"解铃仍须系铃人"。天下的乱是由人类造成,所以你不要怪万物,要问人类怎么去化解人类自己所造成的困难。

一要研究人跟万物有什么差别,老子发现人类很聪明,人有认知能力,所有问题都是由人类的认知能力产生的,认知会产生偏差,就会有偏差的欲望,所以所有的欲望都来自认知。如果你知道哪里更好,你就会希望去,叫作"有知就有欲望",如果你本来不知道外面怎么样,你怎么会想要离开呢?

知跟欲很主观。

有一个小故事:有一条河,两岸住着不同的人家,这一岸有一个年轻人,他很羡慕对岸的人,这个河很宽,有一个渡河的老船夫,这个年轻人说,请问您给两边人渡来渡去,是不是这边人比那边人快乐?老船夫说,你认为这一边怎么样,那边就怎么样,天下任何地方都一样,一头牛牵到任何地方还是一头牛,重要的不是别人怎么样,重要的是你是怎么样的心态,你心态不改变,在这边抱怨,到其他地方照样抱怨。

老子认为人间所有的问题来自于人的观念。你观念错误就会有错误的欲望,造成困扰。譬如你知道黄金比石头好,你就喜欢黄金。你知道钻石比黄金好,你就喜欢钻石。但是你把钻石给猴子它会觉得喜欢吗?你给他一根香蕉,胜过一颗钻石。假设你到荒岛上,你要一颗钻石还是一根香蕉?你周围都是钻石也没有用。

人常常要问,你需要这个东西,请问这个东西真的是你需要的吗?人就要问这个问题,否则你生命浪费在很多琐碎的事情上,一辈子被自己制造的困难所障碍了。老子希望解决问题,从"知"开始。人对大自然的敬畏往往停留在嘴上,人类破坏大自然从古到今没有例外,大自然能承受到什么时候没有人知道,从灾难频发来看,真是岌岌可危了。

有个学者就讲到老子分析人类的认知能力有三个层次,第一个把知当作区分。如小朋友通过看图不仅识字,还能分辨猫很温和,狮子危险,通过父母教导,分辨问题利害。

人类从区分来运作他的认知能力,那是人类活着的必要条件,如果你不能区分的话,好坏不分,危险跟安全不分,那人类只会陷于灭亡。但是你一区分就产生欲望,哪里更好,什么东西更好,就会去追求。大家都喜欢物以罕为贵,大家都要争夺好的东西,到最后从竞争到斗争到战争,天下大乱,趋于毁灭。

老子认为,第一把知当作区分是必要的,但是可能有后遗症,所以到第二步,把知当作避难,避开灾难。怎么避开?根据别人的教训经验。商朝称作殷鉴不远,就是去看夏朝怎么灭亡,不要重蹈覆辙。

"全者保真,藏巧守拙"。西方从笛卡尔后到斯宾诺莎,也说"善于隐藏,乃善于生活"。

老子认为第三步是把认知当作启明。你要了解一个人的真相,用眼睛肯定上当。道家讲启明,有一个原则是从道来看一切,一般人都是从自心去看别人。

道是一个整体,如果你从道来看一切,就代表从整体看一切。你从整体来看的时候，人我之间那种命运共同体的感受就很深，没有得也没有失，得跟失根本化解了，自我中心的想法完全超越了，整个生命进入一种能够同化的境界。

老子说："常使人无知无欲。"庄子后来也说，"虚其心，实其腹"，心里不要想这个事情，肚子吃饱就好了。与其学一些半生不熟的观念，产生欲望偏差，还不如什么都不学，不要想太多，好好过日子就好了。

禅宗常用三种境界来说明悟的境界。

第一境是"落叶满空山，何处寻行迹"，以喻精神的漂流，没有得到禅境的指引；第二境是"空山无人，水流花开"，这是形容已经破除法执与我执，即超脱了客观性相与主观痴迷，使精神获得一定的自由但尚未悟道；第三境是"万古长空，一朝风月"，这是形容在顿悟中获得永恒的体验高峰，这虽是一刹那间的顿悟，但却是超越时间与空间的永恒，禅境即是这种高峰体验的产物。

思考启示：

人类历史上出现过两次大的思潮，这两次思潮都有灵魂再造与人格再造的意义。

第一次思潮，始于十四世纪开始的人文主义运动，迄于十八世纪的启蒙主义运动，中间绵延了五百余年。其意义在于把人从神那里解放了出来，亦即人的价值得到了承认。第二次思潮，始于十九世纪末二十世纪初，至今犹在进行着，并只是处于前期阶段，其意义在于把个人从社会的异化那里解放出来，亦即个人的价值将得到承认。

当一个民族的文化在外来文化的侵袭和稀释中，逐渐模糊和淡化了自己的本来面目时，这个民族所一贯标榜的厚重而先进的历史文化，也就失去了它创新发展的土壤。我们的后一代人在不断升级、无休无止的电脑游戏中,在障眼的垃圾大片和假、大、空的文化表象符号里,已经逐步远离我们曾经拥有的温暖环境。当自私、狭隘、偏激、好逸恶劳、不思进取成为一个时代青年群体的性格地图时,我们还能够指望、还能够指责他们什么呢?

因为他们生活成长的土壤就是这样!

笔者痛心地发现,人的个体价值的承认所建立的基础,在当今社会,已经不再是社会价值的群体化发展和贡献,更多的是在金钱上的奢华攀比和原始意义上的享乐虚无。人们迷醉于他们自己所创立的不断破旧立新的享乐游戏规则中去,甚至不惜断尾求生。

当人类的精神处于一个几乎完全经济价值化的体系之中,人的良知、人的道德底线几近于负数,社会经济地位,文化思想素养所带来的一切,都能够浓缩而量化为一句话"值多少钱?"时,这是一个民族自戕的开头,还是人类自我异化的开始?

第三节 佛心儒皮

最近一句"爱你们我有了"的微信被转发上百万次,说明了什么? 这样无聊、窥伺、间歇性癔想分裂的伪高潮背后,释放着什么?

哲人说了,"物质文明、享乐文明的程度越高,文明人、都市人、知识人的内心就会越发空虚。"

过快的生活节奏和庞杂的信息系统剥夺了人类的思考能力:"现代人太忙了,一切都专门化、机械化,很少有机会让我们去思考人生的问题,这是现代文明的一大缺陷。"

我们都知道,媒介碎片化,自媒体时代,在人类日复一日的机械生活里,只能是对各种刺激做出本能的反应,已经没有时间和能力去思考了。

许多人需要什么?习惯于找网络,找来的、求来的是准确的吗,可以肯定的说,有漏洞的多,有错误的多。

网络社会的最大好处与麻烦就在于知识太多,垃圾也太多。很多人捡到垃圾当宝贝,便以为自己懂了,还把这些拿来的去看他人,框别人。殊不知,不思考,其内心自然也就空虚。

有时候,眼睛也会欺骗我们,我们看到的也不一定是事实的真相。什么道都是由心而出,没有了心,都是歪门邪道。

哲人说了,"随着文明的发展,物质与机械的发达,人类反而丧失人性、人情味以及人的个性和特质,这就是因文明而丧失人性"。这种物质生活高度发达与精神生活的空虚所形成的错位既导致了人们精神生活上的迷茫,同时也对社会经济的进一步发展和调整提出了挑战。

精神物质一体两面,都不能孤立存在,必须有道"义"、德化导引。当一个人、一个群体、一个社会、一个企业、一个组织、一个国家的关注对象不仅仅局限于自身的发展,而是更多地关注各自作为一个整体在社会文化上的贡献与作用,甚至关注于人类自身的发展与命运,整体性、系统性的文明的进步,自然大不一样。

先说儒皮。

先儒:天地君亲师,仁义礼智信;后儒:三纲五常,程朱理学。

"仁"是二人,意思是既具有独立性,又具有交集的共性。"仁"的基础是建立在寻找和达成全社会都相互认同的"最大公约数"，然后合并同类项。实际上，仁作为纲，是指引方向的大旗，是一个国家凝聚人心的口号，是国与民发展的总目标；"礼"作为目，是约束群体及个人的各项规则制度，纲举目张，互为表里。

为什么历代统治集团尊孔重儒，因为孔子以"仁"为纲，以"礼"为目，讲究自我约束，这就为各朝代统治集团寻找社会最大公约数留下了空间，只要时代的变化和统治集团的结构变化，这个最大公约数的"小姑娘"也就自然任人装扮，随之而变。

孔子说的"仁"的核心就是"和"，"以和为贵"。大美人生，"美"是现代伦理学最重要的概念之一，但孔子却从来不提"美"，孔子的美什么呢？是"礼"。

孔子曾梦见周文王要他复兴周公之礼，因此，他提出了"克己复礼归仁"，孔子又说，"君子和而不同，小人同而不和"。

所谓"君子和而不同"：为寻找出社会的最大公约数，孔子从个人"孝悌（有条件的回报与友爱）"修身开始，具化到"父父子子——家族爱"的齐家，再外化到"君君臣臣"的治国，最后切入到"己所不欲，勿施于人"的全社会共性上去。

孔子给"仁"披上的外衣是"礼化——中庸"（徐志摩称为恰到好处的平衡），这种"和稀泥"（和为贵）的外和并没有真正解决女子与小人"同而不和"的内斗，为什么，人心不一啊，怎么办？孔子有智慧，有办法，他就说，"民可使由之，不可使知之"——《论语》，加上后来法家商鞅的《驭民五术》，更是从目上强化了这一特色。

儒教仁义道德下的文化基因在中国这个唯物主义的社会秩序上，其表现形态就是不断地从"笔杆子忽悠"走向"刀把子暴力"。暴力搞不下去了，就开始忽悠，忽悠不管用呢？必然的又回归到理性主义的局限——"暴力"之上,而不会有其他选择。因此有了"天下大势,分久必合,合久必分",走入了"暴力走向统一,欺骗走向分裂"这一历史循环中。

要想改变,除非我们接受新文化的加入和改良。什么是新文化?"独立之人格,自由之思想,科学之精神",其实,这些新文化在"五四"新文化运动时就启蒙革新过,可惜没有得到强化延续。不这样改良,我们就无法避免从一个极端(忽悠)走向另一个极端(暴力)的这一循环过程。

当社会经济(钱袋子)增长丧失动力的时候,就是忽悠不下去的时候,暴力就会成为必然。如,东汉末年,一大帮孔教的人把王莽撺掇上位。因为王莽在当时的道德水平很好,口碑极好,类似圣人。孔教的徒子徒孙推荐王莽当皇帝,是想最后再好好忽悠一下,但是越忽悠越不好使,王莽反腐败本来是迎合底层,自然要得罪既得利益阶层,经济好的时候,大家安宁于吃肉喝汤,但如果是处于经济发展停滞的状态,原来尚可苟且偷生的老百姓的生活,由于通货膨胀,货币贬值,反而过得更差了。如果所有的人都会感觉到自己受到了损失,社会就可能会进入暴力节奏,正义一定也需要邪恶,正义的能量越大,邪恶的能量也越大。

孔子又说:"取义成仁"。——《论语·卫灵公》:"志士仁人,无求生以害仁,有杀身以成仁。"说是君子为了最终达成全社会的最大公约数,就要做出牺牲。所以,大家看,中国历史上,一旦到了民族危亡的时候,就会有一些君子,杀身、取义、成仁。如武人岳飞,文人辛弃疾,文天祥等。

南宋以后,有"崖山之后无中国"一说(指的是中国的气节与精神),君子少见,伪君子当道,大家都在"中庸"这竿大旗下和着稀泥混吃混喝,而不愿和这帮伪君子同流合污的中华文明都潜入到了民间,所谓"真人、高人",这些人还在民间传承着中华文明的真正道德水平。

当然,孔子也很可爱、可贵,一天要反省 3 次,问自己三个问题:

1. 为人谋而不忠乎?

2. 与朋友交而不信乎?

3. 传不习乎?

"传不习乎"也是王阳明学说的关键。阳明先生的著作《传习录》就来自于孔子的这句名言。而满地的国学大师们有意歪曲这句话,解释成了"老师传给你的知识复习了没有"? 虽然阳明先生在《传习录》里指出了现代儒学的命门,却依然没有引起大家的注意。

阳明先生所主张的"美即吾心",所谓传习大致就是说"表里如一",或说"知行合一",用现代哲学的语言来说就是"形式和内容要统一",不要说一套,做一套。

孔子每天反省自己的第三件事就是"自己有没有说一套,做一套",即"传不习乎"? 在孔子来说,仁和礼不是两个事情,到朱熹的时候开始特别强调"克己复礼",实际上就是把"仁"和"礼"完全割裂开来了。

"仁"和"礼"本应两者统一,才为"美"为"道"。如借用茶的方式,将仁和礼统一到一起就是"茶道"。王阳明将仁与礼聚合为"心学",称为"事上磨炼",我称之为"红尘炼心"。

心灵之美与自然之美相互契合,就是"德","德"是宇宙大美,因此说,人生大美,大美人生。

厚德载物,是说宇宙的好生之德,宇宙的大美之心。德和个人有关系的是"明德"。什么是"明德"呢？明德就是你在地上种下一粒好的种子，然后，浇水，施肥，拔草，耕耘，等着它开花。

我们耕耘，收获，这一过程符合了宇宙之美，这叫作了解了宇宙，了解了自然，这是明德。明明德，就是知道怎么样与自然道法对应，与自心大美对应，能够做到这样的人，也称之为大德。

孔子的"礼"中，有君子，就有小人。

"论语"对君子讲道，那如何有效地组织小人物们呢？占社会绝大多数的可是小人物们，能够有效组织和管理小人物们不失为一条治国强国之路，因此，为了解决如何管理小人物们这个问题，法家粉墨登场了。

秦始皇之所以能统一中国，归根结底也是有效地管理了中国的小人物们（严刑峻法）。汉朝董仲舒吸取了秦灭亡的教训，在如何管理小人物们的问题上，引进了孔子的君子道德论，试图在法律的基础上，引进道德的观念，来缓解社会的矛盾，从而开了儒教2000多年治国的先河。

可见，中国2000余年的政治生态一直是"内儒外法"。

只要不打破君子和小人物们之间的平衡，中华大国是超级稳定的。纵观我们国家的历史，在外国侵略的情况下，这种君子们和小人物们之间的平衡往往很容易被打破。一旦君子"失德"，或小人物们不买账了，社会就会酝酿一场严重的危机，甚至导致国家灭亡。所以，唐太宗李世民说了："水可以载舟，也可以覆舟"，就是对此深有触动而发的感慨。

"礼"之后，孔子提到了"敬"。他认为，各行各业，各色人等，只有对天地万物，心存一个"敬"字（所谓敬业），才会对自身有益。人人互敬互爱，大家自然和谐；如果社会上彼此心存不敬，互相欺骗，互相拆台，社会管理终将面对失败。"中庸"作为儒教社会的润滑剂,通过寻找最大公约数的方式,来获得整个社会的稳定和发展。但在今天的社会结构下,"中庸"由润滑剂而逐渐演变成了"卫生纸",谁都离不开它,和稀泥也好,事不关己也好,看热闹也罢,谁用完了,都会扔掉。

大清朝所谓的康乾盛世,实则是没有思想文化的夜郎自大。当时寻找社会最大公约数的行为,被所谓的当权伪君子们利用和夺取,从而丧失了历史的机缘,导致中国在老路上不断轮回。在乾隆出生时,苏格兰同时也诞生了一位伟大人物。这个人主张平民治国,而后其国家文明理论引领世界至今。他就是——《国富论》的作者亚当·斯密。

在写《国富论》之前,亚当·斯密就先写下了一本伦理学教科书《道德情操论》。他认为,人生下来就有禀赋的不同,所以他的道德理论是建立在"平民"的基础之上,他不像孔子一样去寻找社会的最大公约数,他认为天生的禀赋导致社会分工的不同,分工的越细,社会的总财富越多,社会的效率越高。

从现代生物学的角度,我们也可以发现这种思维的伟大之处:人是由各种各样的器官和细胞组成的,每个细胞的健康维持了人机体的整体健康。换句话说,在亚当·斯密的世界里,平民越强,社会也越强大。西方所遵循的自由市场经济的理念,到今天已经好几百年了,他们没有去寻找最大公约数"仁",而是从小人物的角度提出了"人道主义",他们同样建立了强大的文明。

这样的"同而不和",就是建立在社会分工基础上的个人的强大,将导致社会总体的强大。

"为人民服务"、"人人为我,我为人人"的思想其实和亚当·斯密的思想异曲同工。

我们的制度没有能力解决一群有能力的人的出路问题，而又要用非常崇高的道德来约束这些人，必然会造成历史的悲剧，如韩信、年羹尧等，大智慧者范蠡，急流勇退，但历史上如此智慧的人寥若晨星。而这样的悲剧正是明朝走向灭亡的道路。

回看历史，再看历史会发现，历史是我们换个花样犯下的错误的循环。

儒家之"仁"，是合并并放大公约数，朱熹说的"存天理，灭人欲"，既是想给"仁"达成交集，还想以此来固化民族的思想和社会结构。但随着社会的多元化和复杂化，后儒家思想越来越没有能力解决现实中出现的种种问题，导致达成最大公约数的效率越来越低，甚至会造成整个社会的最终背离无解，直至王朝倾覆。

如果一个人，一个组织，一个群体，按照儒家的"仁"思想，会发现什么呢？道德上的目标能否让人紧密团结？又是不是社会广泛协同的"最大公约数"的共同追求呢？

如果不是，个人、团体、组织会不会陷入群体性焦虑？

很多人可能都还没有意识到，互联网时代不只是改变了我们的购物模式、交友模式、教学模式等，我们的生存环境也正在发生巨大的变化，我们的社会伦理结构也将发生巨大的变化。因为，我们的传统文化基因里，我们所能够被大众泛化认同的最大公约数也正在发生巨大的变化。

来观佛心。

佛法在后来的传播中，由于贵族、知识分子、世俗大众等各个阶层的心灵需求不同，从而发生扭曲，有了阶级属性。

"有心为善，虽善不赏；无心做恶，虽恶不罚。"佛法讲究因材施教，广开八万四千法门，对世俗人用净土，对有点文化的用禅宗,对阶级地位和经济地位较高的人讲《法华经》。

印度人不大追求组织效率,这得从甘地的"不抵抗运动"中寻找源头。不抵抗运动发展到政府外交上的"不结盟运动",其源头正来自佛教的不合作。中国历史中的几次大的灭佛运动,与儒家入世思维和佛教表现出来的不合作运动互为因果。

为什么会有这样的冲突呢?

中国夏商周三朝,注重祭祀,商朝对鬼神的祭祀尤为重视。从理性的角度出发,孔子认为,我只取其"器",也就是祭祀的"礼",而抛弃了祭祀的对象,也就是鬼神崇拜不在孔子的选项范围内。

儒教不信鬼神是建立在理性基础之上的,成者为王,败者为寇。孔子更是从看破宗教出发,发展了儒家思想。孔子虽然把杯子里的水倒掉了,但是孔子却更加强调了杯子的价值,这就是形而上学。在这个倒掉"水"(祭祀鬼神)的过程中,为了让祭祀的"礼器"更有存在价值,孔子来了一招乾坤大挪移,把祭祀鬼神,改成了祭祀祖宗。

但是,看破宗教、看破宗教的文化也会带来灾难。从东汉末年,经过西晋的八王之乱一直到南北朝,直到隋唐初,300多年间,中国经历了一场相当长时间的大分裂大动乱,上演了一系列惨不忍睹的人间悲剧。

佛法在东汉末年初传中土,但真正对这个国家产生影响始于南北朝时期的北魏,并盛于随后的盛唐,经过两宋以后,逐渐衰落,原因在于儒教的理性主义将原本的佛教改变得更加功利。所以,注重逻辑思维的唯识宗,注重戒律的律宗,注重个性发展的禅宗,都在中国衰落了。近代中国,只剩下求来世福报的净土宗,不能不说明问题。

佛法里,有用"西天接引"的方便法,还有"顿悟成佛"的究竟法。今天的国人几乎全部拿方便当究竟了。中国的净土宗和儒教结合后,产生了很多的功利现象,并且以"方便接引"诱惑众生,信众在学习净土佛法的时候要加以注意。

每个人都有一个我字,有我就是有魔,所谓执着于我,是为大魔。在人的本质上,每个人的潜意识里都认为我是对的,也是有合理化缘由的,不足为奇。

其实,人与神是一体两面。人的身心这个我是大我的分身,心灵这个我是"神"的分身。

人一切的认知如果都是建立在"我"之上,就会以自我为中心而自以为是;如果人与神合,以开放的精神和理性对我执进行纠正,所谓战胜自我,行自我与大我合,进步自然就在其中。

未明时佛是佛,明了时人是佛。所谓自己是自己最大的敌人,道理如此。

第四章　心物一如的文化之道

故事。

小王说：我没有钱……

小李说：找人借啊，借了后买枪，买了枪，借给你钱的人还敢找你还钱么？

小王说：如果我的枪丢了，他人也有枪呢？

小李说：那你就跑路啊。知道国民党为什么跑台湾去了？金圆券也不灵了嘛。

小王说：为什么？

小李说：枪能走多远，钱才能赚多远。地少了，魂丢了，枪没了，人跑了。

思考启示：

历史上的以色列国王有了财富便显阔，向波斯、巴比伦等国王使臣展示金银财富，最后引发巴比伦不断地向他借钱，最后以色列国被巴比伦所灭。这个是信息、能量、物质之间的相互转换。

好，来看，女大十八变，越变越好看，到谈婚论嫁时，到衡量对方和家庭时，权利资本、货币财富、性是不是交易指标？是不是一种信息需求的能量转换？嫁个有钱人，马上变有钱。

再看，各种选美、海天盛宴，各种炒作为什么能够引得女人们前赴后继，趋之若鹜？这背后，无一不是想嫁入豪门，一步登高啊。

权利资本、货币财富、性，不论这三者之间的交易顺序孰先孰后，其背后的文化观念价值体系都彰显着一个社会的生态秩序。

权力强化承担公平正义，主导物质分配。而物质、性色常常反作用于权力，千方百计诱惑并吸引权力侵吞自己，然后异化权力，施行不义。公平正义，道义如法，而法不容情，但往往一旦掌握权力的人多情、滥情，怎么办？

文化构建信仰的核心是真爱理念。而这个真爱理念一旦碰到没有信仰的人，会怎么样呢？

没有信仰的人，毫不利人，专门利己。多少年来，争斗，算计，谋私，从未避免，无处不在。"五四"以来，我们国家才有了民主共和的呼声，人人平等，我爱人人，人人爱我。

那真爱理念的核心要义又是什么呢？大家还记得先做蛋糕还是先分蛋糕的问题，为什么会有这个问题，民以食为天，吃什么，怎么吃是大问题，面包怎么做，那是资源配置技术问题，面包怎么分，如何均衡分配，才是体现核心文化理念问题。

到底怎么分？平均？均衡？平均和均衡的区别在于哪里？衡！

为什么共同富裕能够抓住人心？因为平衡是合情合理合位的上下调剂，合理的本身是不是也因为有真爱？面包的均衡分配是不是能让人人平等自由地生息？真爱在哪里？均衡才是爱。所以中国文化里讲和而大同，和中有平衡。

一把刀和均衡切好的面包,这就是大爱、真爱。

人人如果都有了属于自己的面包,才能、才会构建起"我爱人人,人人爱我"的社会风气。

第一节　文化的融合

猴子在胡萝卜加皮鞭的训练过程中生存,表演,终老;人在各种自我欲望和社会挤压的环境中,从家庭、学校、职场、社会的不间断训练中,生存,表演,终老,形成各种自动化习性反应,人猴表现形式不一,内容实质异曲同工。

自由的心灵,自在的生活,来自于观念的更新,文化的创新。怎么更新? 如何创新? 我们是不是首先要去了解这些?

文化是好多念头的根源所在。

观念来源于文化。文化在社会上的呈现、生活中的体现既集中表现在权利、财富和性上,又体现在宗教意识与主流文化和与合的心态上。

权力有没有兑现资本的能力? 货币是不是能够成为霸占物质的工具? 性(特指美色)是不是具有交易得到物质、兑现资本的功能? 权力和性是不是都能够成为搅乱社会秩序的因素?

事物分为有内容的内涵与有形式的外延。世界分为心和物。

叔本华在其著作《意志和表象的世界》中提到,意志者就相当于主观精神,相当于心。心与表象就是内容与形式的关系。而唯物主义者就是生活在表象世界,或者生活在泡泡的表面(很多人被外相所牵扰也得益于一度鼎盛的唯物主义文化哲学),认识论也是局限于表象。所以,列宁就说,真理不可能达到,只能无限接近。在表象世界,通过一个一个事物的认识,一种事物一种事物的认识是永远认识不完的,因为宇宙是无穷的,接近也只是自我感觉良好罢了。新的知识要靠的不是推理能够做到的,新的知识在无之中。新的知识的发现犹如量子跃迁,靠的是智慧。新的知识不仅仅是个点而是能够带动球面的扩大。球面越大接触到的无也越大。因此知道越多越谦虚。唯物者自然不明白这个道理。数列无穷数列。A1.2.3以致无穷。但还有B1.2.3……C.E.G……以致无穷、无穷的无穷。

叔本华的思想与黑格尔的思想很大程度上来源于东方的影响。黑格尔的精神现象学和叔本华很相似,而黑格尔的辩证法更有可能来自于中国。

中国文化里有日月丽天满地红,所以又称中国为赤县神州。日月丽天,阴阳相配。阴阳者,相辅相成,在彼此对等的互动过程中此消彼长。而马克思的辩证法是决定论。一者是依附的关系,是主动和被动的关系,是决定和被决定的关系;二者完全异化了、扭曲了辩证法的本来含义。

现实中,人可以作出某种决定,说明人是唯心的。在过往社会中,只有奴隶主决定奴隶的命运。经济由于必然的异化,最终成为压迫人的工具。

今天,我们需要"红尘练心",我们不光要体验人世的苦难,还要通过世事体验本心。反省多了之后,自己的一点心的波动马上会得知,叫作起心动念。反省者打开了内在的空间。你有了真正的自己的精神。没有反省的精神则只是情绪而已。不是精神,而是伪精神。这个空间就是洞,有洞就能洞察。洞者天也,福者身也,所谓洞天福地。理性有不同层次。在自然科学中要求一个理论能够持续解释,解释面要广,能够做到无限可持续无限可扩展,那它就是公理。在社会中也是这样。层次越高,公约数越大,社会越能长存。没有反省的理性是不全面的。现代人通过教育学习现代知识对理性有巨大的促进作用,常常掩盖了缺乏反省的不足。

民主者首先自己能够做自己的主。所以仅仅有了民主制度,比如菲律宾式民主等只是具有形式而已。当然时间长了也能进步。人性如此。就是危机重重而已。义就是个人为了公作出的行为,如何判断是否主观,就是方向问题。

中国文化之道里有"清者贵也,浊者贱也"。神清气爽就是非常健康的状态。自信乐观的人对他人有自然的吸引力,会使人产生仰慕等。比如修为高的高僧、道士。佛陀甚至对几乎所有人都能够产生吸引力。这个就是同性(相同性质)相吸。你的精神弱小,就会被强大者吸引。

物质为富,精神为贵。因为贵,人就会产生尊敬的心态和举动。对浊者就是贱者,会以卑下视之、待之。

当初的官位由于主人多是修道者或身边有修道者,所以大多是选有修行的,至少是天生清贵的,这个时间长了就和社会地位挂钩了,也就是异化了。孔子说"尊者贵,卑者贱",完全就是偷梁换柱,文化异化的结果,且从语法逻辑上看,尊者贵显然不通。历史上许多中国士人或者著名的画家等不会用这些东西去换钱换地位,这就是清贵。所谓自尊而后他尊。

清为贵,浊为贱。贵贱者,价值观的结果。尊卑者是这种价值观的投射的表现。因此孔子以尊为贵既不合道,也不合逻辑。

以清为贵有一定的自然基础。这个在婆罗门那里反映的最为明显。能够修道是一种荣耀,是身份的象征。

在柏拉图那里,他的理想国里是以哲学家、武士还有底层百姓构成。和婆罗门有点像,只要把婆罗门换成哲学家就可以了。还有埃及的法老就是大祭司本身,下面自然是官僚阶层还有武士,再下面是百姓,再下面是奴隶,大规模的奴隶。

　　苏美尔文明史有记录,他们的神就是小神到那个海边的城市(埃及人到达埃及途中的过度)休息整顿,增长人口。正是埃及的出现导致了周围出现许多次文明。包括希腊文明、迈锡尼文明。他们大多都是时间短,规模小,直到罗马出现。

　　埃及狮身人面像等和我们的自然神动物妖非常类似。整个现代文明有两大基石:一个就是逻辑,一个就是欧几里得的几何学。他们都不是凭空而来的,都源于埃及。特斯拉的现代转世说认为埃及大金字塔是上一世或"上一界"人类的成果。而小金字塔是后来埃及人造的。即使如此,成就也是极其非凡的。它的含义大概在于"上一界"人类的继承者就是地球上的正统。这个小金字塔的建立没有逻辑与几何是难以想象的。当然,这些修行以及各种知识仅仅控制在少数人手里,导致文明最后消失。但是在地中海周围形成了文明群。犹如苏美尔文明的存在,造就了中东地区的文明群。

　　希腊也得益于埃及文明。我们都熟悉亚里士多德、柏拉图、苏格拉底,当然还有赫拉克里特。他是王子,放弃王位,成为一名乞丐,住在一个桶里修行。他有一句名言:"人不能两次踏进同一条河流。"

　　其实,既然河流不是同一条,那么人难道还是同一个人?河流在变化,人也在变化。具体到个人就容易理解了。我们大家是不是一直在变化?大多数人以为有个固定不变的我。其实,念念而变。所谓一念善佛也,一念恶魔也。最极端的例子就是放下屠刀,立地成佛。这个变化是实实在在的。

有个故事说,一个将军前世被某人杀掉。此人现在出家是个和尚。一天将军来到和尚的庙里,无缘无故就想杀和尚。和尚给他说了前世的故事。那个将军突然释然,站着往生了。通过这个故事,说明佛所言因果,真实不虚。

道家崇尚阳。积极主动,儒家得其形。知静不知动,所谓守成者也。变化时,道家出世。儒家所谓中庸,只知庸常不知变化。时间长了,成一潭死水,加上奴性,成了大害,对文明历史没有丝毫贡献。

文明对人的影响是内化于心,外化于形。明就是明确,明确地把文化告知他人,影响他人。在系统思维下,我们要了解我们生活在一个什么样的环境,从原生家庭,到新生家庭,都离不开社会国家。贯穿连接社会思维和国家意识的精神纽带是文化;贯穿我们的意识行为的是文化,文化内化于我们的心,外化于我们的行,又体现了我们所接受的、所容纳的、所融入的一种文明。

古代先贤"观乎天文,以察时变;观乎人文,以化成天下。""观乎天文",是要观察春秋代序,节序变化,看清时节的流变。"观乎人文"则是以观察人间百态凝聚起来的价值观,流化天下,涵养生命。圣人"仓颉"观"天文、地理",查"人文、社会",天象地形、行为百态最早化为象形文字,文字所化,思想语言的转化,社会科技的发展,承载的是文明的显现,又成为记录文化的载体。

道尚奇。奇与偶对。

人字。一阴一阳,阳长于阴,主动积极向上,能行神奇妙用。此为人。阳与阴对也。阳之用为奇。奇与正对。政者不偏不倚,静也。不正则奇生以归正。奇者正之奇。那种阴谋诡计不是奇之本意。远离正也。奇正相生就是此意。运之化如风。如云。所谓风化是也。有伤风化就是有违天意道德。中华文字之神奇妙用，由此可见。文字由于是义理的特性，所以讲究悟。悟者就是悟理，悟道。这个在道家思想中都能看到。修行者道教比较讲究根骨。道家对悟性要求比较高。佛教讲悟性讲因缘讲心性。儒家讲究死记硬背。悟者通事理。因而历史上出现很多一通百通的通才。格物是自然而然的事情。比如诸葛亮不是墨家却能制造木牛流马。在人类历史上特别是冷兵器时代基本上也只有中国出现所谓的儒将。即领兵打仗的元帅将军是读书人，本来是朝廷的文官，一下子就成为武将。这是什么原因？表面上看，是儒生。事实上，很多人是外儒内道的。许多人事实上是杂家，是通才，对于兵家的行军布阵、将领管理、兵士调动、后勤安排都有一套，还能冷静客观地准确判断战场形势与时机。说明智慧最重要。

中华文化的核心是《道德经》《易经》《黄帝内经》《诗经》等。《道德经》道可道，非，常道。周易六十四卦就是不可道之道，悟者只可意会。两者一阴一阳也。太极图与人脑一模一样说明什么？传说莱布尼茨的二进制就是从周易而来。当《黄帝内经》说地球在虚空中，你会做如何想呢？1000年前发现水稻的人会是怎么样的人呢？难道这样的人不能发现其他的东西？《山海经》表明很早我们的祖先就到过世界各地，并有地区说那里有中国祖先留下的遗迹。

庄子，神游物外，乃自由精神的象征，在以前的知识分子中的地位极高。老子象征智慧。孔子则代表知识。学以致用与格物至知。格物者犹如分析，没有悟性学了也难以致用。明理所以能够致用。不明理，一个一个地去研究分析，成功概率很低，且时间长。你远离物越多，看得越清；与物靠得越近，迷得越厉害。心也越感到吃力。为什么？为物所累也。

离物越远，就有一种超然感油然而生。济公游戏人间就具有这种超然感。演员没有超然感或者清醒的意识就会迷失自我。有没有这种情况？有没有演员沉迷于角色不能自拔？如果反过来，通过演戏不断变换角色，人生如戏，是不是在各种生活的体验中，也能促进超然感的增长？

演戏在生存苦难的时刻说不定是一门非常有用的艺术。面对迅速变换的场景，走马灯式的人物上上下下，会演戏就容易主动，学会如何融化在人群中，迷而不迷是谓神。

思想越固化，自性越封闭。调动我们的思想，让智慧流动起来吧！

第二节　文化里的道与术

《群书治要》仁义篇里说道：所谓仁者，爱人者也。爱人，父母之行也。为民父母，故能兴天下之利也。所谓义者，能辨物理者也。物得理，故能除天下之害也。兴利除害者，则贤人之业也。

翻译成白话就是：所谓仁，就是爱人。爱人，是为人父母的品行。能像父母一样爱护人民，所以能兴办有利于天下百姓的事。所谓义，是能辨别事物的道理。做事合情合理，所以能为天下百姓消除灾害。兴利除害，是贤人的事业。（物理：事物的道理、规律。）

这是老子道家的思想延伸。统治或治理里有多大爱，就有多少民间的顺服。怀着爱心的治理或统治,才会是真义。

大爱必须抛弃自己,破碎自己,超越个人得失,超越个人私利,才能做到真实、公正、客观。

西方文化是通过圣经故事完成行为、哲学意义上的教育。

大道至简,法门无二。佛家、道家思想和圣经理念有很多共同点。

人人平等的条件是什么?人人相为的心情来自哪里?什么是无产阶级?没有生产资料所有权。人人平等的条件是什么?所有人都有生产资料的所有权、监督权。

人人相为的心情来自哪里?

人人有了共同的监督对象、爱护对象,即共同生产资料。道理非常简单,共同爱一个孙子的人,也会互相关爱。

以刻意经营人心的统治和以爱谋求大众益处的治理有什么区别?刻意经营人心,经营好少部分人就足够了,大多数人是木偶的。任何一个群体都是少数人控制多数人,少数驱动多数,战斗力来自于团结度。没有人民的团结,就没有人民的一切。

货币首先包含的是武装力量,就是说手握军队才有发行的资格。货币统治层面的本质,就是信用正负度。偏差程度来自于道德高低、爱的大小。爱是一种持久。人改恶从善是由于言语的说教,还是由于痛苦的惩罚?

这个问题弄明白了,可以为社会的改善提供指导性参考。

西方领先东方主导世界,是以《圣经》文化作为圭臬的。

圣经里不乏各种英雄,摩西、约书亚、大卫等,圣经里的路得就是我们所宣传的雷锋。日常化的礼拜时,西方人经常会学习路得的事迹,西方也会经常向英雄致敬,向英雄学习。

西方人以圣经为哲学启蒙。圣经里说掉到田里的一捆麦子不要捡起，留给穷人和寄居的弱者糊口。因此，西方人经常被教育要做公益。

人类历史不问是非，好比看下棋，后人只有寻找、总结成功失败的原因，避免重蹈失败者的命运，才为明智。敬畏和尊重，哪个更有价值？"别人害怕你"有价值，还是面子有价值？

反观中国也有很多哲理、道德、操守，但是大多数时间里是束之高阁，没有拿出来教育民众；或者只是因个人需要拿来参考学习，把古老的积累当成一种谋术、一种工具而已，没有形成全民学习、全民终生教育的传统。一个公司的竞争力来源于员工的业务培训；一个民族的生存能力来源于全民终生道德、哲理、操守的教育。

任何一个圈子里都存在区别对待，任何群体里都有失爱的人。小群体有，大群体也有，种族间也有。

而佛法里说，众生平等，去我执，慈悲心。耶稣在印度研究佛法的过程中，就已经琢磨好了回去创教时该将哪些内容如何加工变异。

宗教都是人设计的。主流西教立足点是全民道德、哲理、戒规，终身教育。东方教化立足于个体修身及谋术。仅这点差异就决定了两种命运。群体较量力量来源于精神。上帝成为神的资本是：创造万物，主宰万物，给信众一个强大心理。

文以载道，以文化教。文化，作为我们集体潜意识的一个产物，已经浸透到我们的骨髓里去了。从原生家庭到新生家庭，我们真正要发自内心将自己脱胎换骨的话，不去了解文化对我们的植入、浸染、侵蚀，是不可能做到的，也不可能发生我们灵魂深处的暴动和革命。所以文化的重要性是我们一直以来忽略的，我们误以为知识就是文化，文化就是思想。当然，思想也能产生

166

文化,思想是文化的重要源头之一,知识是记录文化的经验。我们如果不从意识里清除,到潜意识对应,我们不可能做到把我们自己从很多的文化桎梏里解放出来。

我们如果仅仅从后天得到的知识、经验来武装自己,肯定是作茧自缚。

文化来自于思想,思想形成于观点,观点与观点碰撞泛化为观念,观念影响着人们的心性。中国人的思维体系长期陷在要么唯心、要么唯物的二元对立之中,知识结构单一,多固化知识,少以文化人,因而缺乏创造力,大多数将所学用在分别评判比较(有人我分别,对他人评判,跟外在比较),以取得心理上一点点的优越,殊不知,这种不加消化和转化的知识,恰恰将我等塑造成了自以为是、故步自封的精神侏儒。

这种不加消化和转化的知识从何而来呢?有一部分是被动地从一定环境、社会吸收而来的。

如,从小学到大学的高考设计,是被动的吸收,这个教材是我们没法选择的。还有一部分是通过我们群体潜意识代代相传而来的。从周礼到儒教的变异变化,几千年的文化已经把我们塑造、固化为被动思维的状态。我们的主动的思维往往就会想到我们能不能适应这个环境,能不能被这个环境所接受,如果不能,我们就拼命地压抑自己、矮化自己,拼命地削足适履。不是去重新创造一个适合自己的鞋,而是去削自己的足,血肉模糊也要适应外在的这双鞋,不管它合不合脚。这个非常可怕。

我们学习原生家庭找到了模板,新生家庭把模板演变成了模式,然后,通过人格模式的化合运转了解了自己,认识了他人,最后发现有很多东西还是清理不了,人的习性反应还是这样,因为许多习惯改不掉,不好改啊。很多地方的习俗不能破除,还成了文化。如张家界景区里演出的《魅力湘西》，就是把五个少数民族的一些风俗串成一个个故事演绎出来。这些故事又从何而来的？这些习俗从何而来呢？故事里的文化是不是群体潜意识的产物？如果我们对文化不了解，不知道我们的潜意识怎样指导我们的文化，我们真的找不到源头所在。

我们要在大美人生里做真实的自己，首先就要找到你自己。也就是说是什么在指导你，什么在养成你的习性，什么在合理化自己，是什么在障碍和制约着你自己？这些东西不找到，你永远不可能得到真正的成长，因为你活在一个被塑造、被框子框好的环境里面。在这个群体里你要么削足适履，要么刻舟求剑，要么抱团取暖。怎么可能做到独立之人格，自由之思想，科学之精神呢？

现在的文化有什么能凝聚人心？我们可以从一些外在的仪式上，一些外求的过程中，去感受我们自己内在有什么心去求，最后又反观自问，再到反观自性。所谓"色不异空。空不异色。色即是空。空即是色"，这个"色"指的是世界万有的物质，这个万有的物质也是在无常中不断地聚散化合，在化合的过程中丝毫不妨碍这个空间的质量守恒。空间是包容的，也不妨碍物质在它的怀抱里面化合。空间跟物质之间提供的并不是相互对立的关系，而是一种相依对流的关系。在"空性"的基础上，"空"并不是顽空，而是不断地完成机缘匹配，在无常中化合。一个东西生了，就有一个东西灭了。质量守恒，能量守恒。在生灭的过程中，新的东西又有旧东西的能量在，这是能量守恒的过程。在生和灭的过程中又有一个周期律和因果律在起作用。

心生万相。"跟自己签一份合同，耕耘自己的心地，怀一份感恩心、敬畏心、善良心、真实心"去生活就好，而总体上讲，有一颗"空"的心就能够过好幸福具足的人生。一般的正常人、社会上的人都没有一颗"空"的心。为什么？装的东西太多了，舍不得往外拿。拿一点点他就会心痛，觉得这些是我的，我有这些东西才有我。知见障。就像一个杯子，不空怎么装呢？有的人拼命地捂，捂得发酵发霉，还舍不得丢。

生活需要归类。在分类和归类的过程中很多时候就理清了脉络，就像人的经络一样，一旦脉络清晰，经络畅通，人就神清气爽。如果脉络不通，经络不同，造成气血不行，或者气血流经困难，就易成病。气阻、血衰，是人的百病之源，我们的思想也是一样。

第五章　文化基因的"自我救赎"

故事。

主人外出一年,给了三个仆人一些大洋。主人给第一个仆人的钱最多,第一个仆人用这钱做生意赚回一万;第二个仆人把拿到的钱存进银行,得了 5 千利息;第三个仆人拿到的钱最少,他担心这笔钱丢了,就把钱放进缸里埋到地里。

主人,收回了第三个仆人的大洋,分给了另外两人,并以所得到的条件虽然差,但这不是可以逃避不作为的理由骂走了第三个仆人。

思考启示:

想一想:主人为什么会这么做呢? 你喜欢哪个仆人呢? 这直接反映了你价值取向背后的文化观念。

各种民族的意识着重点不同。西方民族鼓励自我、鼓励折腾;那些谨慎、保守、不适应生存者就会被剪除消灭。

如果把这个主人换成是中国主人回来,会如何? 这个看起来保守不作为的第三个仆人,会不会被主人冠以自敛束缚、谨小慎微、听话靠谱而可能更会受到重用?

生动活泼的大爱是人的自我和天性的解放与舒展,让我自由放飞,我必心甘情愿为你发光,这就是归属感的自然产生。一个家庭里防破坏、防盗,禁止自由说话,彼此对立对抗,一定是内部归属感出现了问题。大道相通,小家如此,大家也如此。

有人说了,为什么要公平分配?怎么样做到公平分配?我要是就不跟你公平分配,你能怎么样?跟资本斗?那不是拿鸡蛋撞石头?你为啥不努力做个人上人?你为啥不在弱肉强食的规则里做个吃人的强者?而非要均衡分配?管别人均衡不均衡的,只要自己能吃人就行。这不是永恒不变的丛林法则吗?是公平化的理想真理吗?

实际上,西方人遵从的丛林法则的核心是弱肉强食,丛林法则的表现是强者为王,弱者为肉,丛林法则的最后是,没有一个人能独善其身,因为强者不能恒强,所以不管是谁,最后的下场不是被吃,就是饿死。所以丛林法则最血腥,也最没有安全感,如海上波浪的倾覆,无休无止。

不谋一日谋一月;不谋一月谋一年;不谋一年谋一生,这就是东方思维的特点。西方思维是现时现报,马上治理你。追求现实、真实的看到,所以西医是有开膛破肚的,看看怎么回事。治标。西方人是你整我,我当时就整你;东方文化是韬光养晦,饮恨含笑,十年还要报仇。西方人是主动响应,东方人是被动应付。这种文化积习的差异就是:西方人积极表达感恩,有激情的拥抱;东方人含蓄的、默默是地记得你的好,只是这种"记得"会慢慢随时间淡去。

西方思维是鼓励个体的自由、天性的追求,所以不仅有了平民瓦特,还有了蒸汽机;不仅有成功的爱迪生,还有爱迪生无数的灯泡失败。可以看出西方思维:只唯实,不为礼。

儒教浸染下的东方思维首先是束缚个体的自由,讲究等级森严,傍团伙,有圈子;潜规则,有面子。其次,与西方相反,"只唯礼,不为实",一个人不搬个什么大人物、大学者、大美女充门面,就好像没有存在感,没有话语权了。

凡是创新者首先肯定是理想主义者。

随着科技的进步,中国不得不面对西方的先进实力,中国思维背负的东西太多,很多糟粕也舍不得放下,最终被外夷欺凌,同时,又在混乱的斗争中分分合合,把简单的事情复杂化,误人误国。

第一节 文化的积淀与传承

现实是历史的累积与延伸,因为我们国家历代积习了"内儒外法"的传承,其特点是,"刑不上大夫,礼不下庶民",对外利益输送,求稳退让,对内横征暴敛,强悍欺骗等。

现在社会戾气为什么这么重,一个重要原因就是每个人都在为自己所分得的面包既担惊受怕,惴惴不安,又为自己想要的面包不择手段,殚精竭虑。

让我们看一看汉朝的"文景之治"。汉朝文帝时期,国家最长的时候连续七年免去农业赋税,那作为农耕文明的国家的开支怎么办? 文景时期实行周公及黄老思想,就是实施一种社会自己治理社会的模式,自己管理好自己。汉文帝可以做到不收钱少收钱(减税),原理在于他可以做到不用钱,少用钱而把社会治理得很好。这个前提是汉文帝通过一系列的政策归拢了人心,臣民心悦诚服,最终实现社会自己管理自己,只需要很少的公务员就可以了。

文武之道，一张一弛。历史上的宋朝富裕时期，儒教兴盛，经济文化也都发达（如《清明上河图》），但重文抑武，军队疲软，最后被外族所灭，屠杀。

人人平等，既要在面包分配上体现平等，还需要在行政制度上有所保障（权利受到监督和约束）。当人人都得到了心里认可的那块面包时，就会在重大危难时期，人不畏死，各个争先。这才是真正的国学文化精髓体现——"内圣外王"。

文化既反映价值观，又左右价值观取向，文化内容既表现在流行传播的资讯、文字影视媒体内容上，也体现在事件故事的始末里。文化内容对不同的人群来说，有的人收获了自信，有的人则感受到负担和压力。

因此说，文化决定命运。有内容的文化又总是透过文化的功能性反映出来。文化观念的多形式植入也是一种意识形态侵略式的扩张。如电影《阿甘正传》的文化内容，告诉大家哪怕你是个残疾人、智障人，只要努力做事就会有自己的稳定生活，只要劳动就能获得安居乐业的未来。而《小时代》呢，屌丝看了绝望，高富帅看后强化一次优越感。看《泰坦尼克号》呢，发现屌丝也可以一见钟情，也可以爱得死去活来。

情绪释放的是情感，情感记忆的是文化。大家不妨自问，你的脾气针对不同的人，爆发点是不是不一样。比如对你的下级，有二分不满是不是就会爆发？对你的领导呢？是不是十分的气恼也不见得会爆发？在家里，你老婆或老公稍微惹你下，你就会爆发？如果外人惹毛你呢，是不是还能克制？同样，一个外国人在中国大受关照，一个自行车丢失了动员全城的警察力量，很快就能找回来，如果是作为国人的你丢了车呢？这就是深入骨髓的草食文化群体潜意识，陷入自我同情乃至悲情的弱者定位。

所以,大家也可以看到,中国的老百姓,遇到点事,动不动就向强者求饶求情,就不难理解支撑他们这样做的背后的文化了。

西方人以肉食为主。而由此发展起来的肉食文化就是一种强盗文化(其实是一种开拓文化),遵循什么呢? 哪怕是狗,也要做狼,因为狼行天下吃肉。肉食文化屡次告诉我们,简单文化的蛮夷可以战胜复杂文化的智邦,少数人可以打败多数人。金国打垮了北宋,元蒙灭亡了南宋,满清灭亡了大明。

当然,开拓文化的好处也是显而易见的,比如自由与进取,放弃与创新,同时,弘扬一种精神,一种氛围。

衣食住行,人的最起码需求全都被文化了,在文化的表现形式上又显示出南北差异,东西差异,差异的大小决定着文明的发展程度。衣服反映出意识领域里的时尚文化的潮流,一日三餐更是追求极致化的完美。饮食里有文化,有乡愁,有儿时的记忆,有妈妈的味道。当然,还有车文化,房文化等。文化和价值取向、生活情趣等,结构化了人的行为轨迹。这是什么文化? 带有掠夺打劫形式的血腥文化。

道德其实很淳朴、简单、轻松。而文化既可以泯灭道德,更可以复杂行为。那种把生活变为复杂、狡诈、匆忙的文化都是血腥文化。像中国特色的房文化就扼杀了创新能力,性文化又扼杀了家庭的平静,合起来束缚了人的自由度。车文化让你四肢瘫软,腿脚麻木,满脑子海水,消费了外国名车,消耗油气能源,混浊了城市空气。

还有,我们熟知的"说一套,做一套"是什么文化? 犬儒文化。有一学者说得好,犬儒文化不仅弥漫于政治领域中的公开言论中,而且成为社会上的欺诈、虚伪和腐败行为不成文的规范。按此规范言论行事,已成为许多人日常活动的自我保护手段和生存技能了。犬儒文化在官方的特点表现在舆论里充斥着谎言,腐败中规范着虚假。民间大众犬儒主义,其冷嘲热讽间表示不满的主要表现形式是市井流传的笑话、传言、歌谣、顺口溜和种种异类文艺。它所包含的拒绝和抵抗,具有高度的隐蔽性和伪装性。

和谐文化是道家核心思想的提炼,是至高的天人合一境界。天是保障食品、住处、性欲等基本需求的供给,人是乐业而作,欢欢而行。道德是需要有基本物质保证的,物质文明不是要提高物质高度难度,而是保证基本物质廉价供给。人安居乐业了,人性良善的一面自然显现得多一些。

西方社会的诚信和圣经的契约精神有很大关系,这种诚信也决定了西方的文明质量。一些老牌资本制度国家,如新西兰、澳大利亚、瑞典、挪威、丹麦、芬兰、俄罗斯、英国等国家福利待遇都很平均主义。无论是犹太教、基督教、天主教、东正教、伊斯兰教都是敬仰上帝耶和华。在这些信仰里,不管财富地位是否平等,在精神上是平等的,上帝爱他的所有儿女,不分贫富。

在同信仰里,讲兄弟姊妹之爱,爱就是给。所以这种宗教文化衍生出社会关爱,这些关爱自然会产生共享元素。精神平等是博爱的源头,这也是宗教文化的一大功劳,宗教文化的伟大还有他的勇敢和献身精神。简单是福,太物质、太复杂了往往产生互相阻挠的因素。如中国人把国外的传销模式拿回来,当成一夜暴富的手段,急头白脸拉人入伙,突击发财的急切心态去搞,这种心态就是一种急、杂、乱的疾病状态。

在美国的传销,是几十年甚至几代人积累起的人脉,平平淡淡中的积累,很少有疯疯癫癫的人出来,这是什么? 文化的淡定。

第二部分 文化基因篇

文化的可怕,还在于以物质金钱为核心的文化,会让人与人之间变得怀疑提防,区区小利拉开了人与人的距离。文化还是磨刀石。中国有刀笔之说,世界也如此。

人类历史都是从刀枪开始,从刀枪结束。文化还有阉割功能。比如现今讲究关系,有关系办事顺畅,套关系是靠弯腰的,什么人最会弯腰? 太监、奴才。文化具有颠覆功能。

比如,国外的《罗密欧与朱丽叶》、国内的《梁祝》都是赞美歌颂自由恋爱的故事,感动了很多少男少女。权贵的天下,土地、产业都是门当户对的传承,自由恋爱,无法保证大家千金不和穷酸小子恋上,富家子不和穷丫头恋上。这就破坏了等级继承规则,所以自由恋爱是颠覆权贵制和封建制的。这样的等级文化延续到现在,富人阶层为了资产不流失,就立了个婚房产权法,在婚姻里设了一道防护墙,在家庭里也界定了经济地位,颠覆了文明社会人性的理念。

文化有的是前进性颠覆,有的是倒退性颠覆。

哪怕是一个段子,一个传言,一个传说,一个故事,一个顺口溜,其落点处都有可能让许多人发生改变,甚至改变一个国家(如"苍天当死,黄天当立;岁在甲子,天下大吉。"黄巾军、鱼肚子里的陈胜王)。可以这样说,很多情况下,活在什么样的文化观念里,不仅是一个人的人生,更是一个国家、一个群体的宿命。

文化来自于思想,思想形成观点,观点与观点碰撞泛化为观念,观念影响着人们的心性,内化于心,外化于形。国人的思维体系长期陷入在要么唯心、要么唯物的二元对立之中,知识结构非常单一,大多数人用所学得的知识去分别他人;用所掌握的知识去区别他人;用所能运用的知识去藐视他人,从而取得心理上自以为是的一点优越感而沾沾自喜,殊不知,这种拿来的不加消化和及时转化的知识，恰恰是将自己带入自以为是、故步自封的精神侏儒的源头。

我们对文化与知识，对历史与当下，存在许多空白和缝隙，也存在许多误区与盲区。个体每一个思维背后的观念、观点来源都是群体性思想意识和潜意识相互通融的产物，都是观念文化的影子。知识可以选择性了解与涉猎，但文化却是如影随形，无处不在。过去有句话，文能安邦，武能定国，因为什么？文以载道，以文化人，汇则兴邦。历史上的人格时期，当思想活跃，文化繁荣，所调动出来的大众创造性，一定是促进资源流动，社会发展创新的驱动力。

历史文化，文化历史，在历史的时光影像里，每每都唱响着文化的歌谣，刻印着思想的痕迹。

第二节　文化的"自我救赎"

第一步：从思维上根除国人的"愚昧根性"，须要认真对境西方的科学精神，建立和完善基本的理性思考方式，建立基本的逻辑思维和判断能力，发展批判性思考方式，以解脱两千年来儒家的愚民教育对国人思维方式的严重破坏。

从人格上根除国人的"奴才根性"。要学习西方国家人人平等和互相尊重的独立人格原则，以摆脱儒家宗法体系"尊卑上下"的等级思想，摆脱国人的"奴性"，从自我否定的压抑人格和自我异化的分裂人格中解放出来，初步建立"独立之人格，自由之精神"的国民特性，由内而外焕发出国人的精神面貌。

第二步：知行合一，思维和行为和心灵的升华。学习并把中国佛道的"三元合一思维",以及道家的"天人合一"生活方式介绍传播到西方及全世界,解决以西方为主流的、过度的"物质主义"带来的一系列世界性问题。

也就是说,中国人必须先"死去",彻底放弃自己千年来儒家文化的传统遗毒,然后借用西方的科学精神和人人平等的人格,彻底地重新改造民族根性,之后再继承佛心道骨的高度智慧,重新"活过来",实现中华民族的再度崛起。

也许,从逻辑上大家会问,是不是中国的道家思想"缺一块",才需要用西方的文化进行"补充完善"?

其实,这是很多人不了解"佛家道家,都是科学家"这个事实。中国的佛道一家,与西方的科学精神不仅不"冲突",而是"一体"。因为中国佛道一直就是科学家,致力于社会生活的各个领域"宇宙和事实的真相"的解决,提供"各种现实问题的技术解决方案"。道家的思想和原则,一开始就建立在"面向天地自然"的"道"的基础上的,与儒家"唯尊唯长"的"权威人士"决定真理的观念完全不一样。老子说人法地,地法天,天法道,道法自然。道家关注客观世界,强调实证和经验,强调理论和实践的合一,这与西方文明和科学发展的基础是完全一样的。中国正是因为佛道一家的存在,长期以来在世界人类文明史上,是引领全世界科技和文化发展的先锋。因此佛道一家是自成体系的,原本不需要借助向西方学习科学才能够达到更高的境界,是因为有儒的异化才脱离了科学精神;而西方的科学家,常常能够从中国的佛心道骨里得到新的启发,做出"新的"科学发明和贡献。爱因斯坦为什么那么推崇佛学,用原中国科技大学校长、物理学家朱清时的话说就是:科学家辛辛苦苦爬到山顶,发现佛陀在那里已经等候多时。

为什么现在佛法正法难闻，道法难求呢？

一方面，佛道语言体系国人难以顺利接受（如《金刚经》、《道德经》）。佛道有一套自己特有的语言体系来表达对于宇宙和自然的了解，特别是后期的道家受到统治者的压制后，常常使用"隐语"歌诀来表达，使得人们难以知晓。现在的国人更是已经接受了西方的语言表达模式，习惯用西方的概念来理解，甚至误解道家"不科学"，还不如直接学西方现成的科学更顺利一些。其实，名词和概念只是一个名相，佛道一向认为的"是名为相"、"凡所有相，皆是虚妄"，"名可名，非恒名"，会心"达意"即可。佛道胸怀并不像政治儒家一般狭隘，认为"道"并不分"中西"，道在天下！"天道无亲，常与善人"，你喜欢，就拿走。上次看到有媒体采访武当大道长钟云龙，他在最后有一句话说得很好，就是道教最终的发展是一种文化，是一种哲学思想。这个就是悟道了，返璞归真。

另一方面，道运，从宋开始衰落，到明朝灭门断代之后，现在学"道"缺乏基础，更缺乏老师。虽然道脉未断，但是严重缺乏入门的引路人，缺乏"明师"。现在一些打"道家旗号"的"大师"们，很多根本就不是真正的"道"家，因为没有传承一种文明精神，一种思想文化，很容易把人引导到歪"术"上。

那什么是知识，什么又是文化呢？所谓知识，是人对各类现象的经验性认知和理论性认知。知识的汉文就是说知而识之。先有知而后识之。就是把已知的经验和对象比较进而识别出来。知表明是已知，知来自于何处？来自于学习，或者思考。人的行为都可以称之为主观认知的实践。有人能够从结果中进行修正。有人不能。智。知之曰。就是所知之表达或者运用。慧是智的程度的反映。知识是死的。智慧的总结就是知识，智慧是知识的运用。

文化。文，化者。

文，纹理。即自然显现出来的理转化人的心性的过程与方式。在初始，天象被赋予理的含义，就是上古道化人的过程。人吸收之后通过思考联想等形成自己的见解，表达出来也是一种文化的过程与方式。先化己再转化他人，人就是文化的对象，也是文化的主体。文化是人自我进化的方式。风俗人情物理都是文化后的产物。文明就是文化彰明的社会，也就是具有成功文化的社会。成功文化就是理性的成功标志，是完善的制度等。所以文明以制度等系统化的理性为标志。如教育、医疗系统的形成等，西方有人以青铜器为文明标志肯定不妥。

文化显示的是理潜移默化影响人的过程与方式。比如风俗、生活方式、生产方式、饮食习惯等。如书写书法时的平心静气就是转化身心的方式和过程。文明反映的是成功理性化的社会。理性化程度越高，文明程度越高，反映在各种制度上就体现出合理公平，持久高效；反映在个体行为上也是这样。

宗教是文化的最高层级。有个外道自以为智慧无双，到处找人斗法。一天他找到了释迦牟尼。

外道问佛："不问有言，不问无言。"佛沉默不语。

外道便说："世尊大慈大悲，拨开了眼前迷云，让我得以进入禅门了。"

外道走后，阿难问佛："外道悟了些什么呢？"

佛说："这就像世间的良马，瞥见鞭影，便知赶路。"

佛曾以马来比喻世人悟性的深浅。马有四种，第一种见鞭影即调伏，第二种受鞭打才调伏，第三种用利锥刺才调服，第四穿透肌肉痛彻骨髓才调伏。这个外道悟性极高，一拨便转，就像第一种良马一样。

中国文化有核心,就是大道。"大道至简,道法自然"这个核心不断旋转扩散至所有领域,如风一样,扩散至所有人,这就是文化的过程。次生文明(道教——小道)就是复制制度形成的文明,没有核心的支撑容易败坏,通常时间短、规模小。

在我看来,佛家不仅是所有宇宙实相及宇宙运转规律(也就是道)的发现者(佛心口的万字就是宇宙银河系的运转方向),更是将闻思修证的八万四千种方法,以手指月,告诉了众生;道家传承呢,在明朝被"灭门"以后,"道运"被无端斩断,道家以"天地自然为师"的科学精神从此被根除,而儒家,特别是朱熹的理学成为了后世唯一的"中国文化元素"。因此五百年来,中国已经没有真正的"科学",更没有"科学精神"可言了。而这个科学发展的断代,被西方人补充得很好,已经形成了一个系统完善的思想体系。因此,我们没有必要回到宋明以前的"道家正统科学技术"基础上来"学习道家",这也违背了佛道的基本精神——无常化合,因缘而变。

我们要学习的,是西方的"科学精神",但不是照搬西方的一切"科学结论",也不是"技术手段",这些是科学的儿子,而不是科学本身。实际上,就结果而言的话,在不少领域里,西方依然没有超过中国的古人。比如医学领域里,西方至今无法理解中医一些至今很有效的治疗方式原理何在,因为这已经超出了西方人的思维和经验能力,这样的领域还有很多。也就是说,这些科学水平,都超出了西方"科学"所能够解释的范围。

还有,关于中国的"李约瑟难题",更是旁证了东方佛道思想对于中国科技领先世界的卓越贡献。

现在的中国人,长期接受教科书的灌输,以为历史上的中国人一直是"贫穷落后"的,其实,我们落后也就是"道运"衰落的这几百年;长期以来,中国一直是全世界科技、文化和经济最发达的地区。

李约瑟博士是一位来自英国剑桥大学的生化学家。他对于"道家"(注意,不是道教),对于中国人的巨大价值颇有深度的了解,说出了一句很有见地的话:中国如果没有道家,就是一棵烂掉了根的大树。他给自己的中文名姓"李",就是表达自己对"老子"的敬仰。他在 1942 年来到中国,以"中英科学合作馆"馆长的身份,花了四年的时间,在中国进行了 11 次的长途考察,路程长达 3 万里左右。基于对中国科学技术历史的了解,他提出了日后十分著名的"李约瑟难题"。

据他的研究和观察,16 世纪之前的中国是世界上科技最先进的国家,也是最富裕和文化最发达的国家。为什么在最近的数百年里,中国的科技会突然停滞不前,以至于成了一个备受欺辱的衰老帝国?

这个"难题"改变了李约瑟此后的人生。为解答此难题,他从一个生化学家成为举世闻名的中国科学史专家,他在 1954 年出版了《中国科学技术史》第一卷,到去世前的 1995 年共出版了七卷。在西方学术界,他与美国人费正清是研究中国问题的两座高峰。

李约瑟难题是一个两段式的表述。

第一段是:为什么在公元前一世纪到公元十六世纪之间,古代中国人在科学和技术方面的发达程度远远超过同时期的欧洲? 中国的政教分离、选拔制度、私塾教育和诸子百家为何没有在同期的欧洲产生?

第二段是:为什么近代科学没有产生在中国,而是在十七世纪的西方,特别是文艺复兴之后的欧洲?

美国学者罗伯特·坦普尔在著名的《中国,文明的国度》一书中曾写道:"如果诺贝尔奖在中国的古代已经设立,各项奖金的得主,今天就会毫无争议地全都属于中国人。"

西方和中国人,对于这个问题都很感兴趣。不过,大多数人都从体制、经济等角度来解释,很少有人用"文化"来解释。实际上,根本的原因就是"文化"。

根据掌握的资料,我们来看一看李约瑟的"中国难题"。

中国历史上的记载,以及很多神话故事,一直说这个民族是"天神眷顾"的民族。这个民族从历史尚未能够准确记载的远古时期就发展了各种不可思议的科技和智慧。几千年前中国人对于天体和人体的了解,其细节和完整的程度,至今我们都无法超越,很难想象他们当时是如何做到的。

如美国人把中国人认为是神怪故事的《山海经》看作是一本远古世界地理和人文地理的科学记录书籍。因为他们经过详细的实际验证结果,发现所谓的"东山经"就是美国的地理,而且准确度惊人吻合。美国学者默茨在《几近褪色的记录》中写道:"对于那些早在四千年前就为白雪皑皑的峻峭山峰绘制地图的刚毅无畏的中国人,我们只有低头,顶礼膜拜。"(中文版第100页)

如何解释这种现象? 当时最多只有马骑的中国人,是如何才能够跨越大海,踏遍全世界去绘制"全球地理"地图的? 恐怕我们不得不承认,远古的中国人,的确有着现代人无法企及的智慧。

"事实是检验真理的标准",将来总会有很多"不可忽略的真相和事实",会告诉我们东方思想引领科学文明的真正答案。

第三节　东西方科学的同与异

从根子上说,两者依据的大原则都是"以客观事实为依据",以"天道自然"为准则的,可见佛道的科学与西方的科学是"同出,异名,同谓"的。

不过,由于东西方思维的差异,东西方对于"客观事实"的认定标准完全不一样,导致东方与西方科学有着很大的不同。

西方的科学,仅仅把"看得见的东西"作为"事实和依据"。造成很多人对于"未知领域"和"看不见的世界"往往抱拒绝和否认的态度——直到他们"看得见"为止。这是一种很可爱且单纯的态度。由经验而来的"科学",必然受制于人类"经验"的制约,当人类的"经验"无法突破的时候,"经验科学"也无法突破。如:如果人类总是在"时空观念"里面,如何理解"脱离时空"的科学呢? 比如量子力学? 比如暗物质、暗能量,因此,人类观念的突破,比经验的突破更重要。

东方科学认为无论有形的还是无形的世界,都是"客观存在"。甚至于道家往往认为,"看不见"的东西可能比"看得见"的东西更重要,至少一样重要。道家说"阴阳","阴"就是"看不见摸不到的东西","尚未表现出来,尚未被重视和发现的东西","变化中的不固定的东西",但这绝对不能说"阴"就不重要;相反,它和看得见的"阳"一样都值得重视,甚至更值得重视。所以道家把"阴"放在"阳"的前面,表示"阴"更需要注意。

佛法提出众生一体,众生平等,智慧本自具足,人人自性光明。这个是不是最终的宇宙实相,也就是我们人人心向往之的方向?

道家提出:道法自然,与自然相宜,与自然相应,无为而为。这个是不是提出了具体的入世方法?

佛法说,无有之间,机缘聚散,无常化合;道家说要学"无",必须先学"有",现在,我们再以西方的科学理论和科学教育为基础,加上佛道独特的方向和思维角度,再补上西方的"科学精神"这一课,自我完善"独立之人格,自由之思想,科学之精神",我们才能更完整地理解这个世界。

第三部分
大美人生篇

阳明先生所主张的"美即吾心","知行合一",用现代哲学的语言来说就是"形式和内容要统一",我认为是"事上磨炼,红尘炼心"。

　　厚德载物,是说宇宙的好生之德,宇宙的大美之心。德和个人有关系的是"明德"。"明德"就是你在地上种下一粒好的种子,然后,浇水,施肥,拔草,耕耘,等着它开花。

　　我们耕耘,收获,这一过程符合了宇宙之美,了解了宇宙,了解了自然,这是明德。"明明德",就是知道怎么样与自然道法对应,与自心大美对应,能够做到这样的人,也称之为大德。

　　心灵之美与自然之美相互契合,就是"德"。"德"是宇宙大美,因此说,人生大美,大美人生。

第一章　自然对应　心美大美

故事一。

出世间与入世间。

一位优婆夷走进祇树林，来到佛陀的面前，顶礼后问到："世尊，我常听您说世间、出世间，但未真正明了其义，请世尊为我说。"

佛陀平静安详地看着她，问道："你最近有什么苦恼吗？"

优婆夷想了想答到："有的，世尊。"

佛陀问道："是什么事情让你苦恼呢？"她又答道："我的小孩不听我的话。"

"嗯，你是觉得我的小孩应该听我的话吗？"世尊问道。她回答说："是的，世尊。"

世尊继续问道："当你相信我的小孩应该听我的话，而他实际不听时，发生了什么？你的生活怎样？"

她回答说："当我相信小孩应该听我的话，而他实际不听时，我气极了，我指责他，我说教他，我冷淡他，有时一连几天故意不搭理他。我还有很多别的制裁他的方式。有时我后悔我不该生小孩，甚至不该结婚。当我十分生小孩的气时，我常常想到出家,归于山林,寂静清修……"

当她说起这些,你能感觉到她内心的冰冷、漠然、忧郁,像无人的冬天;接着你又感到她内心的暴烈、烦躁、不安,像暴风雨中的海浪拍击海岸。

她说:"有时气到极点,我很想暴力,虽然多数没有真实发生,但都百分之百地在我心中演绎或发生了。当我因他生起气来,即使他是我的小孩,我对他也和对待我的敌人没两样。我能感觉到自己的身体发紧,胸闷,不舒服。这样的时刻,我很不愿意听到其他人讲话,我不耐烦,容易惹急,我很不喜欢这个时候的我……"

她说了很久,世尊平静耐心地听她说完。

然后,世尊说道:"嗯,这就是世间。"

世尊接着又问:"没有我的小孩应该听我这个念头,或即使这个念头出现,你没把它当回事,没对它起反应,你会怎样?你有什么感觉?"

她想了想说:"没有那个念头,我立刻感觉轻松了不少,再也不必像拉一头犟牛,既费力还生气,我不必再控制他。没有'我的小孩应该听我的'这个念头,我可以像一位牧羊人跟着一只可爱的小羊走在山冈,羊儿吃它自己的草,我则欣赏美丽的山坡还有我的羊,那感觉很好。或,即使那个念头出现,我没有跟着卷进去,我保持着一个清晰的观察者的心态,我能感觉到那个念头很可爱、很逗——'我的小孩应该听我的'?……这是真的吗?这是哪个星球上的道理呀……"

她一边描述着没有那个念头或不相信那个念头时的状态,一边自己笑了起来。

她双目轻垂,像是进入了很深的清净状态,缓缓地说道:

"没有那个念头或不相信那个念头,注视着我的小孩,我感到内心充满祥和,我被这份宁静与温暖深深打动,感到一股内在生起的绵绵之爱温柔地滋润、滋养着我。我安静地站在家里的地板上,桌与椅寂静地待在那儿,茶杯等待我端起,果盘里的水果鲜艳美丽,窗户、窗帘、墙壁上的画、外面的树、大地、阳光……噢,一切万物都在为我的幸福服务。"

当她讲到这里,你能感知到她内在的轻松、恬静,一位端庄优美的优婆夷,出现在佛陀的面前。

佛陀听完她不相信那个念头时当下的现量体会,微笑着对她说:"优婆夷,这就是出世间。"

优婆夷听佛陀这样说,既惊讶又兴奋。没想到世尊对她开示的世间、出世间的道理,是那样的简单朴实又贴近生活。

她深深领悟、受益了。

世尊看出她的欢喜,随后又说:"优婆夷,所谓世间就是因果,相信你的念头是因,所产生的情绪与反应是果,身心烦恼即是世间。优婆夷,不相信你的念头就是出世间,不被自己的念头所编织故事套住,你即是出世间的人。"

"嗯,世尊,我懂了。故事就是世间,活在故事之外就是出世间。"这位美丽的优婆夷闻佛所说,欢喜而去。

故事二。

罗汉桂琛指着一片石块对弟子法眼文益说:"祖师们常说三界唯心,万法唯识,那你认为这片石块是在心内还是心外?"

法眼答:"在心内。"

罗汉禅师反问:"你放一片石块在心头做什么?"

思考启示:

"三界唯心"是说,一切人、事、物都是从心中出现,又回到心中去。日有所思、夜有所梦的心是唯心;做事会成功是因为有心要做,这更是唯心。万法唯识的"法"是指一切现象,不论生理、心理或物理现象,都是因人的认识心、执着心、分别心积聚而成为生命主体的业识。如果某人没有以自我为中心的执着心、分别心,任何现象虽然存在,对此人来说等于不存在。

这两句话是佛法中的通识、常识,罗汉禅师用它来帮助法眼文益开悟;不论法眼的答案是什么,一定免不了挨骂。

果然,法眼听师父这么一问,念头一动便答:"既然三界唯心,那么石头是在心里了。"

这样回答既是对也是错。对,是因为"三界唯心,万法唯识";错,是因为石头不可能放到心里去。

因此罗汉禅师当头给他一棒:"你把石块放在心头上做什么?"

平常形容心中挂着一块石头,是表示忧虑、恐惧、不安、沉重;法眼虽然不是这个意思,但还是答错了。

石头就是石头,心内不可能放进石头。而且三界唯心的"心"是说有所执着;石头在心内是执着有石头、分别有石头。这不是归静开悟的境界。

对一般人来说,所有一切是非、得失、利害、好坏的事,既要明明白白知道,还要做到不计较,不为是非、得失、利害、好坏而产生内心的痛苦、烦恼、挣扎。

这就是不把石块搁置在心上了!

第一节　大道自然的对应规律

　　爱因斯坦的同事,大卫·波姆认为:"宇宙是一个单一且统一的自然系统,是一个整体,我们世界里的事物会成为另外一个我们无法观察到的领域的投射。这些可见的'外显'域和不可见的'内隐'域是一个更高且更普遍的秩序的不同表现。"

　　呈虚空场态的宇宙,包含一切信息能量的正物质与反物质间的转化。"正物质以有形态出现,反物质以无固定形态出现,无形无体,可存于物质之内。物质毁灭,反物质不可毁。物质有代谢,瞬息万变,如电光石火;反物质无时间,无空间,大小由之,而至永恒。"

　　宇宙中的万事万物如同宇宙之网一样,都是全息互联的,每个人看似独立而又不同的选择,组合统一成我们的集体现实。非定域的、全息的信息能量场的化合与互动,产生物质统一场的"隐域"发生内在的变化和周期性运动,并在"显域"出现阴阳平衡、对立统一的整体性新变化。(——摘自陈公著作《会心不远》)

　　全息虚空场中,太阳针对地球的引力场是定数,地球围绕太阳的磁力场是变数,世间万物在电、磁、光所形成的万有引力、电磁力、强相互作用力、弱相互作用力的化合作用下场场相连,形成不同的周期。

　　我们生活在一个系统之内,大到宇宙星系、银河星系、太阳星系、地球家园,小到国家社会、家族家庭、群体个体,再量化到心身一体的内在与外在、内隐与外显,如同地球必须循着一定的轨道,围绕太阳这个中心公转而行,同时又绕着自己的轴心自转而行,无不遵循着阴与阳两种对立又互补的力量(万有引力与离心力)均衡而动。

万有引力维持地球于不坠,一直把地球拉回中心,有一股稳定的吸力。离心力向外扩张,脱离中心点,有意摆脱控制。

人也是如此:自转时的观察与体验成为公转时的模板与经验。

大系统外在的公转力(定数)与小系统内在的自转力(变数)所产生外显的万有引力(大物理)与内隐的离心力(大化学)形成一个又一个的周期,形成周期规律,如春夏秋冬四季(365天)为一年,生老病死四相(60年一甲子)为一生等;

定数是周期的循环和轮回,变数是两个或两个以上的因素和合才会发生新的事物,一旦有新的物质参与又会发生改变,这就涉及阴阳二能量的参与化合。(如太阳黑子和太阳耀斑等)

在全息虚空场内,万事万物在不断的阴阳化合中乃生乃成,相生相克,场场相连,相互交集,循环生息,又统归一体。

在三元四相位的人格模式系统中,由一生二,二生三,三生一切万物,由人格模式大系统的一生出人格模式中的认知、情绪、情感、身体这四大模块。四大模块里认知里的角色与关系,情感里的需要与价值,情绪里的安全与连接,身体里的合作与分离通过各自的四种表达形式与16种主要人格不断产生各种各样的组合变化,不同的交合,产生不同的现象,六十四种人格化合就在生活中体现出来了。

六十四化还可以继续分,但不管怎么分,都要回到人这个整体的“一”上面来,回到大三元全息场上面来。

人是有生命的个体,天地是能够为生命提供生存环境的空间,天、地、人在全息虚空场内,进行着大物理和大化学。

大物理是定数,大化学是变数,定数和变数决定周期,定数和周期间看变数,定数和变数之间看周期,从周期间也可以看定数和变数,定数是不能改变的,变数是可以改变的,可以通过改变变数拉长或者缩短周期。

春夏秋冬是宇宙大系统的运转规律,是物理定数,是整体的"一",是一个循环周期;围绕这个定数所产生的一中所含的"二"和"二"中所延展出来的"三"和"四"等,各种各样的因素组合化学变化是变数。

从这些变数中可以看出春夏秋冬的阶段周期,比如三个月为一季,以及整体周期,比如一年为一个轮回,还可以透过变化因素了解各个季节有时延长、有时缩短的原因。

掌握了这些规律,就可以在家庭和工作中,适时适当适度地在周期中调整理想化的预期,使其更趋向于双向的合理化,从而减少和疗愈心理痛点,还原和回归事物本来,从而移步换景,在当下的角色所对应的各种关系中轻松切换,乐享自在。

古之太极图,以"道"之元,"变"之理贯穿之。直观地呈现了阴阳消长、交合互变,变化统一的宇宙运行规律,统摄了自然、生命、万事万物"无平不陂,无往不复,有无相生,难易相成"的流变之理,散之在理,则有万殊,统之在道,则无二致。二气五行,化生万物,五殊二实,二本则一,是万为一,一实万分。

三元四相位人格模式系统正是遵循道之律演变而来。

天地人大三元与信息、能量、物质小三元在宇宙虚空场内不断假合离析又重新整合嬗变。万物化生而能量不息。一切物质随外界因缘条件而聚散,没有一个永恒不变的实体,即万物本性皆空,无所定相。

　　在天地人大三元系统中,为了有个可以参照把握的对象,古人外观天象,内循物理,以气候变化规律为据,假名春夏秋冬四时序为一周期,为一年,继而又有时令、时节,再细分为月、日、时、分、秒等时间维度。经现代科学研究发现,所谓时间,只是物质存在系统周期性运动的反映,其实质为无有边界循环不已的信息粒子场。古人又以万物生灭往复的物质形态存在位置、结构假名空间维度,继而分出东西南北中五方,再细分为八方。而到了现代,从不断发现的三维、四维到九维空间,我们知道,空间实则为阴阳两股能量和合变化的能量场。物质的成、住、坏、空均随着信息能量流的导引、化合而果。

　　人作为一个化学物质与电子信号能量集合体,是处于这个大三元系统的最具灵性和高质量的物质。人与宇宙、自然和谐相通,相生相息。人也遵循着万物与自然的规律而生存寂灭。春夏秋冬为时序年轮周期,生老病死为人一生存亡周期。周期为定数,周期内有变数。随着信息、能量的循环往复,各种影响因素成为拉长或缩短周期的变数。

　　如一年四季气温季候变化不定,人的生命质量与生命长度同样受自身及外界信息、能量、物质的演变而各个不一。隐性的化学变化与外显的物理变化时刻都在发生着,物质看似有形实则无形。春生万物,热夏盛之,金秋熟之,寒冬凋之。

　　黄帝内经载:合人形于阴阳四时,亦可知人为增加生命长度和质量需要依循阴阳之道,合乎时序养生养心。如春养肝,夏养心,秋养肺,冬养肾等。

　　人从母婴一体到分化个体承受分离之痛,之后个体不断发展成熟直至衰亡归于自然,在短暂而漫长的一生中所经历的、所遭遇的、所思所感的逃不过因缘果流变之律。

作为独立个体的人,其人格、个性脱离不了世界、国家、社会系统内整体历史、种族基因、政治文化氛围等信息、能量、物质潜在的影响。这种原型的影响已经根植入我们每个社会人的骨子里一代一代传承下来。

如,历史上很多因宗教信仰引起的战争便缘于此。但不同的种族和文化又反复出现一种人类力求整体统一的趋势,这正是我们慧命中回归一元本体的精神灵魂趋向。

如,人类不断耗费资源创造各种有形无形价值追求全球一体化的努力,人类害怕孤独、独立存在的虚空感,不断融入人群,求得群体关系认同、价值认可的现实状态,艺术、性爱等都是人类在各种身心灵寄托中寻求自我短暂消失,归于宇宙、自然本体,回归一体的渴望所在。

荣格曾提出人自我的原型根基类似于原子团中心的原子核,原子核的爆发性能量正暗合了禅宗自性光明之真如自体的妙用。

了知了本体自我原型,是我们了解自我的基础,而在家庭小系统里,家庭沿袭基因、成长环境、父母人格等是养成我们人格特质的决定性因素。

心理舒适区域里有爱的需要被满足和自我价值被认同所带来的幸福快乐感觉,并在日后的生活过程中经重复性或者替代性满足得到延伸,从而向外输出比较阳光向上、积极有为的人格组合模式。

心理黑洞区域里则是爱的需要不被满足和自我价值不被认同所带来的挫折感和创伤感,并在日后的生活过程中,虽然通过自我臆想可以达到替代性满足(如阿Q)或经无意识重复放大这些创伤,就容易使得个体经常性陷入一种无力、无助和无奈的精神状态中去,从而降低生活品质,向外输出的人格组合模式也常常是忧郁孤独、回避古板、自恋强迫、偏执攻击性等。

一个人的主体人格一旦形成,其中的种种需求所积累所引发的各种能量往往不是以主体人格模式出现,而是以四种辅助性人格模式相互化合组合的方式向外输出,并且更容易感受和接受外在与此四种人格模式相互对应的较相同类的信息能量进行对流,而对非同类别的信息能量则会自动性、经常性产生阻抗和对抗,从而强化和固化了个体的主体人格,使得个体的人生命运轨迹无法发生大的改变,在恶性循环中不能自拔且不自知。

(——摘自陈公著作《人格模式心理学》)

我们从了解原生家庭入手,找到人格模式发展的模板由来,从而更好地清理心理碎片,学习人格模式心理学,善于运用自我觉察、自我认知、自我发展、自我完善的这一系统工具,帮助我们解剖了解身心的运行规律,了解心理痛苦和人格阴影的起源,找到调整认知和行为的心理地图,找出隐藏在情绪背后的情感痛反射点,进而找到自我发展的方向和自我完善的方法,使我们在新生家庭中创造更为尊重个性化,调和包容化的人生模式,最终和谐幸福、大美大成。

在自我系统和人格模式的四大模块中,认知与情感模块为内隐,是阴,情绪与身体模块为外显,是阳。阴阳两股能量时刻相互转化、促进,此消彼长,调整和改变着我们身心灵的状态。是身心灵合一还是分离,在于我们能否很好地保持内观、内转、内定。

第二节　心性化合的生灭无常

人的自我防御机制启动,自我认同机制启动,马上就会快速化合,产生并输出一种人格模式。自我认同,人格主体会很自信;自我认同度不够,就会产生防御。

体上的种种相要时刻保持觉察、明白清晰。所谓体就是内在心念,外相呈现是心念指导下的行为,用是行为产生以后作用于他人和自己的后果。

因此,我们需要把行为背后的动机找到。动机滋生行为,了解了动机,就了解了动机背后的痛点。痛点在哪里?离不开被抛弃,被忽略,被边缘化这三大创伤,是痛点的源头。三个痛点如果把它归为阴阳,归为二,一个是爱的需求,一个是期待的需求。爱的需求属阳,向外求;期待的需求属阴,是内心生起的愿望。比如,一个人爱的需求得到满足,感觉被外在所爱,她就有了安全感,安全感得到了满足,她就不会有害怕。而另外一个期待的需求呢?每个人内心当中有需要,有欲望,有被需要等,彼此之间爱的需要也是期待的需求,是一不是二,不过是分内外。安全感是爱的需求,爱的需求是一种安全感的满足。生存和生育的安全感,如果都得到了满足,就会产生幸福感。一旦生存的安全感丧失,如失业了,那么他和外在的连接就会出现问题,就感觉到爱的需求没得到满足,这个时候很容易就启动内在的那个隐的程序(内在的期待的需求)。期待的需求需要通过自己努力地去表现,让别人知道她的价值,这个时候一旦别人知道他的价值,爱他了,他的安全感又得到了满足,然后他就有幸福感,因为他的价值得到了认可,他的连接得到了保障。这种情况下,他就会拼命地抓取,控制,强迫自己做得更好,时时刻刻需要对方满足他的愿望,这个里面就有依恋型人格,强迫型人格参与互动化合。一旦别人不能受控,他还能产生偏执型人格,追求自我完善的过程中又会产生追求完美型人格,等等。自身越没有自信,越没有什么可夸耀的人,越是依赖外在能够让他依靠的集体、团体、团队,他们的自豪感、自信心、自尊心与集体团队的光环是紧密联系在一起的。这样的人,最不能容忍自己依附的集体、团体受到外在攻击。因为这些人,视集体、团体、团队为他们的命根子,是他们感受价值感、存在感的源头所在。他们通常是集体、团体、团队最坚定的拥护者。如果这个集体、团体、团队被消灭,他们就会悲哀地发现,自己不过是一个卑微的小人物,是个被社会抛弃的弃儿。待在自己的自我防御机制里没有出来,还要仅仅抓住和依靠一个团队集体的力量。还有一个就是生育的安全感,就是婚姻保障,用爱的形式连接。(——摘自陈公著作《原生家庭与幸福人生》)

一些心理学说把人的人格模式定在某一种人格上面不动,没有灵活运用,就没有灵魂了。人格模式组合要有系统性,在什么情况下,运用什么样的化合通道进行组合,要很清晰。

心即有我,性即无我。性照见万有一切,心无住,性乃空。如,钱塘江的大潮,本体还是水。为什么有那么大的潮?首先与风攀缘,然后彼此之间相互攀缘,相互连接,波与波连接,浪与浪连接,能量聚集,释放耗散,重新化合,周而复始。世间事,莫不如此。

"为什么有的人不能容人呢?"年轻人问。

"因为有的人心太小,小到只能容下自己。"师答。

"为什么有的人常常迷失于自己的心灵呢?"

"因为有的人心太大,欲望太大,无边的欲望让他们迷失了人生的方向。"

"那怎样才能看见一个人的心呢?"

大师用笔在纸上画了几竿摇曳的竹、几朵飘逸的云、一湖荡漾的水。"这画的是什么?"大师问。

"风。"年轻人答。

"风无形,你是怎么看到画上画的是风呢?"

"风虽无形,但物有形,竹、云、水有形,通过这些有形物体的移动,我们便看到了风。"年轻人说。

"心无形,但一个人的言谈、举止有形,同样我们可以通过有形的言谈、举止,看到一个人的心,看到一个人的内心世界。"大师答。

心是有我,性是无我,既有我也无我,明心见性,你说没有我,我又是谁? 但我又不住在任何东西上面,世间一切我都不去攀缘。这就是明心见性。第一重境界:看山是山,主观层次,我看见有个山,这个时候你看到了山,而不是和真实的山融为一体;第二重境界:看山不是山,就有评判了,这个山不漂亮,高了低了,赋予了意想;有的人老是在第二重境界,拿着自己的只是去评判他人,拿着自己的财富去区别他人,拿着自己所掌握的东西去分别他人,评判他人,这是自以为是的境界。第三重境界:看山还是山,你看见了,也没看见,似有似无。因为山也是你,你也是山,你在他人眼中是风景,他人在你眼中是风景。

第二章　人格模式的化合规律

一呼一吸,一人一口,人为合,一口气里有阴阳,有五行五气,金、木、水、火、土。

天地大宇宙,人体小宇宙。我们人在地球上只是宇宙的一个细胞。我们和宇宙间的联动和细胞与细胞的联动一样,有组织、有结构、有系统。所有的五行之气的能量都在系统之内而不在系统之外。细胞在人体系统内活动,也在系统宇宙内活动,小系统和大系统对接,生命不息,循环不止。

我们每个人从儿时的原生家庭里的观察模仿、习得创新,到新生家庭的模板重复,再到外化表现出个体的人格组合模式,最终会形成心理舒适区域(阳)和心理黑洞区域(阴)这两大区域所组成的完整的人格系统。

人的心理运作规律与经络运行规律有相似之处,看似无形,却都有循环通道,只不过经络通道介质为气,心理通道介质为信息(或能量),心理痛点即通道中的障碍物,类似于穴位痛点,每个人的人格模式实际是一个阴阳五行系统,十六种人格可相对合并为五种,按五行相生相克规律运行,可直接调主体人格(即心),也可五种人格(即五脏)同时调,五种人格每个回归中道,都可独成阴阳,也可依五行推动,辩证调整。或者超越原始的以生存和安全感为核心形成的人格模式,心常住在道心上,在法上,用五种人格按五行相生相克原理与外界自然连接。

怎样找到人格模式里面的"体"？我们要了解到,人的嫉妒心是万恶之源。嫉妒心背后的体念是:贪爱。贪、嗔、痴、慢、疑里,五毒之首的"贪"启动了五毒的联动程序,贪不到就嗔恨,嗔恨就开始慢怠,慢怠建立在不信任上,就找出种种理由去怀疑他人,自己就在这样一个程序里转。

有些哀伤所形成的伤口看起来是没有医生可以治疗的,但有了伤口一定要尝试着去治疗,要相信一定会找到治疗的方法,上天让我们有机会活下来,一定有它的原因。相信一切,不再惩罚自己,阳光无处不在,只要我们用心去感受的话!

怎么样疗愈自己呢? 运用人格模式,重组人格化合输出通道是非常好的方法。

第一节　人格模式的化合通道

人格模式通道化合图里的外围是春夏秋冬、东南西北、五脏、五行,实际上讲的是一个轮回与周期的对应规律。一个人的人格系统是阴阳和合体。里面的主体人格与辅助人格之间的变化是有周期的。主体人格的阴阳在一个周期内随着辅助人格的增强、减弱,会调换位置,在周期内又受五行的影响,在相对的时间内,需要相应的五行来补充。这是外圈。

再来看中间的两个圆圈:16 种人格在人格通道里是相互化合的。我们从春天的这个人格看起,四个管道,每一个管道都是

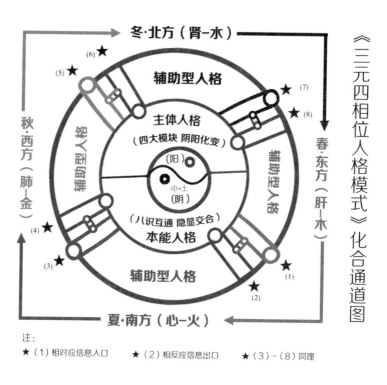

《三元四相位人格模式》化合通道图

注:
★(1)相对应信息入口　　★(2)相反应信息出口　　★(3)-(8)同理

眼耳鼻舌身意接收的信息从一个通道进来,然后快速地与其中的另一个通道进行化合。

中间为土,土生万物。最核心的圈里面是主体人格,越是核心,越是显得重要。主体人格一个是隐藏的,一个是显露的,它们是相互对应的关系。隐在里面,不容易被发现;显在外面,就是别人发现得了。外显的性格,做出来给自己和别人看的,既是给自己看,也是给别人看,隐藏的恰恰是自己爱、需要、价值等不被满足的那个部分。

本能人格,八识互通,隐显交合。本能人格是十六种人格都有,是十六种人格的化合,随时在八识田里待命。八识指唯识里讲的眼耳鼻舌身意,未那识,阿赖耶识。显露在外的和隐藏在内的相互之间是在交流中化合和交换中化合。这十六种人格都有可能成为主体人格的阴和阳，这16种本能人格中随时有两种人格浮现出来成为主体人格的阴和阳。

每个人身上都有十六种人格随时准备参与组合，只不过我们没有将每个都去运用到，甚至没有去发现到，也没有挖掘到。攻击性的人格有没有？人人都有。癔症型人格有没有？人人都有。只是在运用的过程当中，有些人格我们自己都忽略掉了，有些自己还不知道各人格之间是怎么组合运作的。

在我们的现实生活当中，没有一个让你白遇见的人，总会教会你一些什么东西，或者说给你上一堂启发课，也有可能给你上堂反面课，因此说，人与人之间无缘不聚，无债不来，都有因缘果。

主体人格里四大模块，阴阳化变。主体人格在认知、情感、情绪和身体四大模块里面，一显一隐阴阳化变着。阳就是主体人格里面的阳的部分，阴的就是主体人格里面的阴的部分，也就是主体人格是由两种人格化合而成的，然后在这样一个太极图的运转当中，你中有我、我中有你。比如，回避型如果是阴的话，强迫型为阳的话，那最后彼此化合成了强迫回避型。有时候回避型占了大部分，如阴占了三分之二，阳占了三分之一；有时候，强迫型占了三分之二，回避型只占了三分之一，这就是根据内外力的加减此消彼长，彼此之间相互在交合当中，在相互化合中运转。根据向心力与离心力不均衡的情况和程度产生不同的人格模式，由于向心力、离心力一阴一阳的不断变化，体内的大化学也在不断变化，显现在个体人格上就出现了主体人格和辅助人格的相互转化，向心力和离心力的点点变化都会出现主体人格和辅助人格的相互转化。这是核心精髓。

生本能、死本能、性本能实际上是一个本能，它只是以三种表现形式出现，实质上是一种原形。一个本能里面阳中摄阴，阴中含阳，阳与阴的不同化合当中出现人生活的各种变化。比方说恐惧原形不能转化就是阴盛，人格发展多为负面的；如果恐惧原形得到转化就是阳盛，人格发展多为正面。阴阳和合是性本能，人格发展多为中道。

向心力和离心力的变化对人的物理场、心理场、生理场是如何产生影响的呢？阴阳周期。一阳一阴之谓道。阴时不养阴，耗阳；阳时不养阳，耗阴。很多人晚上不睡觉，实质上耗的是阳气；白天不养阳，耗阴，不与天地同步，不与规律同步，身体自然会有不自然不健康的对应。向心力和离心力的变化很重要，因为有周期的化合反应。离心力是假想的惯性力，许多人以假体为基，发展出许多的负面人格；向心力是自然真实存在的力，这个就是按照本心对应自然的天道，许多人扭曲向心力，以离心力为主，长期地扭曲下去，向心力自然会发生作用，两股力量会发生激烈的变化，有些人一下醒悟得到纠正，有些人依然故我，最后被强大的内在冲突形成身心的人格障碍，出现病史，不平衡就会有很多变化，而且都是负面的变化。所谓离心离德，德是自然之道，所谓道在德中，德化人心，厚德才能载物，保持向心力和离心力的平衡，阴与阳的平衡，才能使得人格模式健康运行。

显露在外的人格和隐藏在内人格，相互之间是在交流与交换中化合，这十六种本能人格中随时有两种人格浮现出来作为主体人格的阴和阳，同时指导并参与主体人格四大模块里其他人格间的组合化变。十六种人格依据个人的内外在心念力量改变，轮流坐庄。当然了，有的人不愿意去改变自己，长期把一种主体人格习惯性重复到底。

如,古板型人格的人容易把一个事情坚持 10 年、20 年、30年,甚至坚持到底,绝不改变。其实,没有什么人格模式是不能改变的,除非他自己不愿意改变。如何改变？首先要在人格模式里的主体人格里先找到阴性人格。

道家讲天地之气乃阴阳相和,一团和气才能使万物生长,生生不息。阴在前,阳在后。人类社会最早经历的就是母系社会。阴性人格是孕育的母体,但也不能忽略一点,孤阳不生,孤阴不长,负阴抱阳,阴阳和合才是生产力。

阴阳人格,要在认知模块里面的"四化"中找。强化、同化是阳;弱化、异化是阴。如,强化式强化,阳阳。强化式异化,那就是阳阴;异化式强化,阴阳。这样就可以清晰找见人格阴阳平不平衡,不平衡体现在哪个地方。如,攻击性人格的人,他(她)如果不向外攻击释放情绪,就会向内攻击,女性体现出妇科方面的疾病,男性体现出心、肝及脑血管方面的疾病,这些都是相对应的。

第二节　人格模式组合化合分析

如,A 女士已经分析出这样 5 对人格组合:

强迫型(阳)——回避型(阴);(阴阳互补)

强迫竞争型(阴)——回避攻击型(阴阳);(这对人格组合偏阴,宜做适当调整)

自恋癔症型(阴)——强迫追求型(阳);(阴阳互补)

回避癔症型(阴阴)——古板偏执型(阴阳);(这对人格组合偏阴,宜做适当调整)

依恋型人格(阴)——追求完美型(阳);(阴阳互补)

回避型人格作为 A 女士的主体人格,属阴,是隐于内的,A 女士呈现在外的主体的阳性人格是强迫型人格。

A 女士为什么回避?回避什么?自己想要成为的某种角色没有得到认可,才要回避。某种角色与关系不对应,造成需要和价值不对称,所以就会回避。

一、外显的强迫型人格的两个化合通道:

强迫型人格是强迫自己塑造一个大众喜欢的人格,通过得到社会认同而得到一种价值感。因此回避型人格里的需要与价值没有得到满足的部分,A 女士就在强迫型里得到了满足,自我感觉良好,呈现自恋癔症型。满足的时间长了,A 女士觉得这是大众都能够接受的、喜欢的,所以就强迫自己做得更好,在社会认同和自我认同这两个通道里强迫性地找相对应的信息,让自己做得更好,这样就有了追求型人格、追求完美型人格。追求完美型是让自己的需要与价值得到更大的满足,安全与连接更好。在追求完美的过程中,有可能她发现有人比她做得更好,她就会启动强迫竞争型,她一定要做得比他人还要好。这个追求型和强迫竞争型的人格通道信息就是从这里来的。强迫型人格的两个化合通道:强迫型——自恋癔症型——追求型——强迫竞争型;或强迫型——自恋癔症型——追求完美型——强迫竞争型。强迫型人格跟追求完美型、追求型甚至和强迫竞争型进行化合,这就是一进一出了,最后向外输出的就是强迫型人格不见了,变成了强迫竞争型、追求完美型。主体性人格是通过辅助性的人格来表现的,辅助性人格又反证这个人是有强迫型人格的。从主体性可以看到辅助性,从辅助性也可以看到主体性。这是强迫型人格的两个化合通道。

二、内隐的回避型人格的化合通道：

当自恋癔症转为回避癔症的时候，她就会启动古板型人格。而古板型人格容易和偏执型人格组合，形成古板偏执型人格。

具有回避强迫型人格的 A 女士不断强迫自己做得更好，但是她知道，自己内在的真正的需要并没有得到满足，她塑造的是别人想要的样子，而不是自己真正想要的样子，她的潜意识知道这些是表相、假相。于是回避的能量转向幻想、假设，这就进入了癔症型人格中，在癔症型人格里释放回避型人格的能量，但是癔症仍然是阴性能量，还是属于不能显现在外的层面，A 女士就要去找一个依恋的主体，于是进入了依恋型人格。

在依恋型人格主体没有得到满足的时候，会出现以下多种情况：

其一，因为不到癔症里化合就不会进入强迫型，因而在依恋型人格主体没有得到满足的时候，就启动了她的阳性的强迫型人格。强迫型人格与阴性的依恋型主体、癔症型主体进行化合，启动了古板型人格。"我觉得这样做也挺好，我这个假自体也不错"，就把理想化的超我的东西变成"我"了，而完全忽略了这个回避型的东西。她偏执地认为自己不需要这个依恋的主体。但她内心的依恋主体、癔症理想没有得到满足，所以就启动了古板和偏执的化合，形成了古板偏执型人格，而古板偏执型人格的启动，就释放出了强迫型的能量。古板偏执型人格一旦和强迫型人格化合之后，他的通道可以是追求型人格，也可以是追求完美型人格，把自己塑造得更好，而且不允许别人超过她，所以她更追求完美，这是回避癔症型里的一个通道。（回避型——癔症型——依恋型〈未得到满足〉——古板偏执型——追求型或追求完美型）

其二,在古板偏执里,A 女士偶尔会走的能量化合通道有:和孤独型、忧郁型化合,然后强迫型人格就慢慢地淡化、弱化,弱化为强迫性偏执,或者强迫又和癔症去化合形成强迫妄想型。(回避型——癔症型——依恋型〈未得到满足〉——古板偏执型——孤独型——忧郁型——强迫性偏执型或强迫妄想型)

还有一个通道,有可能出现的,一旦依恋型人格没有找到主体,癔症也没有得到满足,在古板偏执里,可能出现分裂型,因为癔症而导致分裂。(回避型——癔症型〈癔症未得到满足〉——依恋型(依恋不成)——古板偏执型——分裂型)

还可能出现反社会型,依恋不成会导致反社会,她感觉活不下去、没有意义,就会反社会,变成攻击型。(回避型——癔症型——依恋型〈未得到满足〉——古板偏执型——反社会型——攻击型)

化合通道选择不对的话,人生命运马上就不一样。

当回避型人格找到依恋的主体的时候,回避型人格就不再回避了。依恋型人格就变成了主体人格。强迫型人格是不会变的,她强迫自己强化这种依恋。

为了强化这种依恋,一方面是强迫型人格,这个强迫型人格会跟追求型打交道,但是她会启动强迫竞争型,一旦依恋主体让她有不安全感,就会启动强迫竞争型,因为她要更好。(依恋型人格——强迫型人格——追求型——强迫竞争型——追求完美型)

依恋型人格为主体的时候,有时还会和孤独型、癔症型化合。孤独型的辅助性能量,又强化了依恋型人格。这个时候,会有些许忧郁型特质,又会和偏执型进行化合,但此时已经没有古板了。依恋的主体能够影响到她,古板偏执型不再起作用。这个时候她就会与顺从或者巧妙妥协型进行化合,会启动顺从型人格或者巧妙妥协型人格。顺从型人格和巧妙妥协型人格的落点还是会落到追求型人格、追求完美型人格和强迫竞争型上。强迫竞争型人格又会和癔症型人格化合,在里面疑神疑鬼、患得患失,所以又和偏执型整合;如果偏执型得到太多的强化,就会和分裂型进行整合。(依恋型人格——孤独型——癔症型——忧郁型——偏执型——顺从或巧妙妥协型——追求型或追求完美型——强迫竞争型——偏执型——分裂型——反社会型——攻击型)

在人格模式化合通道中,A女士的落点一般是追求完美型。A女士需要随时觉察的是:要避免在强迫型阳能量与古板偏执这个通道化合时,不要再往攻击这个大阳通道走。A女士人格模式里阳的方面呈现不出来,可以将古板型建设成追求完美型,或者将古板型和强迫型合起来,或用别的人格来稀释,回避型人格是阴性,加入其他人格来互补,能量就得到稀释,就没那么多纠结了,强迫型加巧妙妥协型,古板型和追求完美互补,彼此互补而不是互害,这个就是变通了。

因此,通过疏理不难看出,在A女士的内在是动不动就采取回避策略的。在A女士感觉到不被爱、不被需要、不被认同,价值不被体现、不被关注时,内在首先会采取的策略就是回避。回避型人格作为A女士的主体人格,阴隐于内,往往只有当事人自己知道。"有诸内必形于外",A女士呈现在外的主体的阳性人格对应为强迫型人格。

A女士在内心回避什么,她就会强迫自己去做什么,而使自己的回避得到平衡,得到满足,得到内在的能量的平衡,至少让她感觉到舒服。外在的强迫型一旦让她感觉到有困难或受阻的时候，她就会启动升级为强迫竞争型人格模式。阳的部分一旦变化了，阴的部分也会跟着变化。阳的部分变为强迫竞争型，回避的里面就带有攻击了，成为回避攻击型。攻击最后在强迫竞争型上又体现在外面。回避攻击型的能量和意念，别人是看不见的。在主体人格里面自动进行组合。组合之后体现在外面就是强迫竞争加攻击。攻击是内在的攻击和外在的攻击结合在一起的。如果有让她感觉更为不安更为恐惧的事情发生之后，她就会启动强迫竞争加攻击型人格。在攻击里面，阴的思维是古板偏执，阳的思维是强迫攻击。

回避以后的能量需求肯定需要其他通道，A 女士就会在癔症里面待一待，自恋里面待一待，形成自恋型癔症。感觉自己很好，不管他人怎么看，自我感觉良好。当需要强化这种自恋癔症时，她就会启动强迫追求型人格。强迫追求型是阳，自恋癔症型是阴，这是一个组合通道。

当自恋癔症转为回避癔症的时候，她就会启动古板型人格。古板和偏执组合的时候，就形成了古板偏执。对于她回避的东西，她强迫自己去做了后，她对自己很满意，久而久之，她就形成了古板型人格。而古板型人格容易和偏执型人格组合，形成古板偏执型人格。

所幸，A 女士知道了这是一个假自体，从而将建设假自体的能量收回，用在真自体的建设上，并开始学习使用新的更具适应性的能量通道。

另外，爱的不被满足和对被控制的恐惧这两大痛点会让 A 女士向外抓取，寻找依恋的对象，要么是人，要么是物或者某种精神。一旦依恋型人格里爱的需要得到满足、强化，价值被体现了，她就会用强迫性的方式让自己做到最好，让自己做得更棒，来强化这种依恋。如果得不到,她就会到偏执型里去塑造一个假自体,偏执型回避。如果这个依恋的主体让 A 女士得到了心理的满足,明确了依恋的方向,A 女士就会循着依恋、顺从型人格通道,转而向追求完美的强迫型人格上发展提升。

因此说,"我"只要不执,就是无我。外缘不足,内缘不利;或外缘不利,内缘不足,都不能产生化合,随缘即无我,没有评判,破我执,还原本来,双向合理化,主体人格随时和影子人格合一,自然无住、无我、无心。

第三章　有相无住　人生大美

故事一。

宋朝有一个叫重显禅师,开悟前去参访智门禅师,他向智门禅师问:"不起一念有什么过错呢?"祖师们说了,"莫道无心便是道,无心又隔一重观"。

无念无心,一念都还是有过错。那这个智门禅师就没有回答,就叫他:"过来。"重显禅师刚刚走近,智门禅师就突然用拂尘打他的嘴巴。重显禅师非常惊讶,准备开口讲话,突然智门禅师又是一个拂尘,又打过来,防不胜防,疾风瞬雷闪电般的动作。

智门禅师是为什么这么做呢? 重显禅师刚刚走近,一个拂尘过来,刚想躲,又是一个拂尘过来,躲无可躲。为什么祖师要这么做呢?

原来,是要截断重显禅师的妄想执着的相续心啊! 是要让他在躲——再躲的过程中,没有念头的升起、延续和妄想。来不及啊!"当下截流",让你想无可想,无处可想,无什么可想。

在这个妄心、念心不起的情况下,不相续的情况下,如果这个心停下来了,你就转身开悟了。

思考启示：

如何悟呢？先是人要对应了，那么理上怎么对应呢？心上怎么对应呢？心法都在理上，理又在哪个上面？道理道理，理，都在道上。

无我而听才能真声。什么叫无我而听？你去观察去感受。对应、反应。什么叫观察？

如，观察天气，这个天气是你想要的天气吗？不是，天气就是天气。天气预报能改变天气吗？不能。天气能改变天气预报吗？能。那我们是让天气做天气预报呢，还是让天气预报做天气呢？很多人心就住在天气预报上，而不去观察天气。天气预报是后天的，它是根据天气来的。根据哪个天气？它捕捉到的那个天气。后来云层的变化、气流的变化，它观察到没？有没有及时调整？没有。预报预报，而我们往往就住在这个预报上面，受这个预报的障碍。它不是说天气晴吗？天怎么还不下雨？就烦恼了。观察到天气本来的样子，感受它本来的样子背后的能量流。哦，天气感觉有点冷，感受，那怎么对应呢？冷了就加衣服，热了就减衣服。跟天气对应以后，能量彼此契入之后的反应之后是什么呢？也无风雨也无晴！这是真实的、自然不过的事情，是符合道的。

菜就是菜，但是就在这个菜的问题上生起了酸、甜、苦、辣、咸，这是不是都不是对"一"说？如果我们修心不能一心，有妄想在里面，都不能归一！所以讲不能一心二用。吃饭就吃饭，走路就走路，讲话就讲话，没有二、三、四、五这么多杂念在里面。所以佛法实际上最终结果就在四个字，哪四个字？"明心见性"。

这个明心，实在要拿个东西作比方，比方说就像一个镜子，它能照见万物,这个心就像镜子一样,它能照见世间的万物,但是这个世间的万事万物被你照见的时候,是不是会因为被你镜子照见而被改变什么吗?会不会改变?不会!既然不会因为你的照见而改变,我们在照见它的同时,我们把心住在这个照见的物上面干什么呢?再生二,美丽;再生三,我要占有;再生四,我要拥有;再生五,我要控制;再生六,我要他时刻在我身边;再生七,我要跟他生个娃;再生八,我要怎么样怎么样……反反复复,无穷无尽,迷失而不知,要何时才能醒悟?更不谈体察觉悟了。

第一节　心在道上,自然相应

物以类聚,人以群分。心在道上,自然相应。

佛法不离世间觉。我们都是先有出离世间的无常,有这个出离世间无常苦空的想法和行持。先出世,等我们修行与道相应了,才借着境界来磨炼自己入世。所以我原来说过一句话,用出世的心来行入世的事。没有出世的出离心这个基础,想入世就会被烦恼众生所转啊。也就是说,你帮不了别人什么,你还会被烦恼众生所转所化,随波逐流了。那么先要出世才能入世。在生活中既要入世又要出世,所以要做到心境一如,最后达到不出不入,娑婆世间,就是极乐世界!哪里还有一个出,哪里还有一个入呢?

所以这个契入转身很关键。契入什么?契入佛心。转身,转什么?转境界啊!

我们也可以讲向上向善转。向上转,是什么呢?转迷开悟,转凡成圣啊!如同一根线绳一样,可以串很多东西拎在手中;也可以像一个篮子一样,把很多东西装在篮中。转烦恼成菩提,转生死为解脱,这是向上转。

如果向下转呢?那就是跟着境界跑了,跟着众生的共业去了,因为你与众生的境况相连,你的意念跟众生的意念相连,你的身形跟众生的身形相连。你跟着众生的共业走,那么在生死的苦海里就出没了。

那有人说,如果向上,那不还有一个往下的对境吗?如何破呢?既然讲到有一个向上向善,那一定有一个向下向恶了,对不对?对这样的二元说法,我也翻看了一下祖师的说法,他们讲就是"有条无条,无条攀例"。《楞严经》里讲,众生都是以攀缘心为自性。这个攀缘心啊,它就是二元相对之法,就我们刚才问的这个向上和向下对境,如何破?《楞严经》里面其实讲到了,攀缘是相对之法,离不开内外相对,离不开境界相对,我们的起心动念都是有内外,有境界的相。

比方说,吃饭你要拿个碗筷,吃什么不吃什么,就在你的头脑的境界当中不断地、不停地取舍,连吃个饭都是这样,那在生活中呢?起心动念都是在造境当中攀缘,对不对?还把这颗做事讲话思维的心当成是真心了。有了这颗无始劫的对生活真实的执着,就没有超越,向上向下。你知道的、熟悉的东西会让我们习惯性地去攀缘,无经验、没体验的东西,我们就在心里面计较、分别!

所以,只有破除向上向善,一开始当然还需要向上向善,到最后就是破除超越向上,也超越破除向下这个问题,我们才能转身,是为解脱,能不能做到啊!

还有就是,我们怎么样离开这个执着妄想呢?也就是说,做到即相离相,也就是当下生起的相,当下就离开这个相。我们要知道一点,佛祖的无上心法血脉它是无传之传。佛法说给众生听,也是无说之说,离开外在的生灭现象,契入佛祖不生不灭的无上心法,要契入啊!

一切在生活中对境的执着,所起的心念,也就是说你所有的执着就是因为你有了对境的对象,不管是你自己生的,还是外界的诱因,还是你自己生起的心因。所起的心念都是后天学习来的生活经验,一文不值,所知所见,都需要破碎空掉,就像虚云老和尚的虚空粉碎一般。世间一切都是在因果范围内,圣人超越因果,但是不昧因果。所以我们讲一句话,叫"道不虚行,功不浪施"。

好!我们还需要"进入三界中,也要跳出三界外,既在五行中,又不在五行中。"哪个三界?欲界的五欲生活。哪五欲?财色名食睡。色界呢?无量光、无量色。空界呢?甚深禅定。我们是如何对应的呢?我们用的是不是眼耳鼻舌身意,用的是不是见闻觉知感受?这外在的世界即所谓三界,我们用的是眼耳鼻舌身意,用的是见闻觉知,去观察、去感受!你的眼睛想看就看,耳朵想听就听,六根对着外面的六尘产生无限的遐想。哪六尘呢?色声香味触法。还有这个见闻觉知,也没有人来障碍你。我们看来看去,听来听去,有什么障碍我们的六根呢?有人在障碍我们的六根吗?哪有什么声音和色相让你去看呢?让你去听呢?让你去分别它与佛菩萨的不同之处呢?

所以很多时候,我们把这个佛既与外在的世界割裂了,又与自性的内在分开了。什么是三界外?怎么才离开这个三界,到三界外面去呢?实际上"横身为物,举体皆真"啊!世间万有,都是佛身的妙用。物物觌体不可得!为什么不可得?"直下没有事",当下都是佛啊!举体就是全体,就是真如!

当我们超越了世间的假象，从梦中醒过来之后，当下这个见闻觉知就变成了三身世智，性得妙用才会现前。《金刚经》里说过一句话，初果罗汉，不入色声香味触法。入而不入，味而不味，一体即还原，六根就解脱啊！一切味都是佛光甘露！永嘉大师说，"直截根源佛所印，摘叶寻枝我不能"！直截根源就是当下就能相应；摘叶寻枝呢，就落在色声香味触法上面，在吃饭的酸甜苦辣上面联想计较。所以要随闻入观，离性空寂！

很多时候我们不知道，你的问题就是你的毛病。很多时候，问的本身就是答案。问答问答，答在问中，问中有答。吃饭的时候，你被五味所转，佛光漏逗而不知！何为漏呢？何为逗呢？我们讲，用妄想分别把佛人格化，生命化，认为佛与我们一样，有眼睛耳朵等六根，有喜乐哀怨等六欲？其实呢，这是一个和合相，也是我们把他和合而成的一个相。那佛是什么？佛乃心性啊！心为佛为道，性为空为灵。

有人问洞山老和尚，什么是佛啊？洞山说"麻三斤"，这是禅机啊。禅法是最高妙的心法。他讲"麻三斤"，手做拳头，拳头也可以做手，其实难见，很难分开，所以当下转身，就是活路！

依法修行不能在语言文字里，依着我们的心意识，顺着我们的妄想去测度分别，这样子就是"向问头边作言语"，有问有答，把这个问答分为两端，问的有意识，答的也有意识。只要有意识都不是佛法，起心动念与佛法不相应啊，对不对？

那么，在我们还没有"问在答中，答在问中"，开悟之前，要不要问答呢？还是要的！但是我们不要去做超谈禅客。什么叫超谈禅客呢？超谈就是留心心法，没有离开心意识。禅客就是总是问，问题偏多，在一问一答这个意识上面纠缠不清，见解这般那般，计较分别，坠入所知障而不自知。而真心本性没有距离啊！眼前的一切都是生命,自己和他人自他不二啊！佛心佛境,自心和佛境一如,见闻觉知与色声香味也同样是不可分离,是一不是二!

就像一个人在山川河海面前兴叹失落,如果不转身,就会被当下境界所转,是不是? 当我们转身了,那些山川河海能转得了我们吗? 不转身,我们就被它所转。外境也是内境啊,有时候,内境里也有外境,愁煞人! 许多人不懂得转身,天天四处拜佛问禅,天天探讨佛菩萨是什么样子,我们见到佛了吗?

佛是什么? 佛是赵州茶、云门饼、是德山棒,山水是佛,草叶是佛,化变无穷,却无处无时不在,随缘而行。《金刚经》里面说了一句话叫,若以色见我,以音声求我,是人行邪道,不能见如来。如果落在茶饼子、落在棒子、落在草叶上,那就是土上加泥,清水染色了。

不能够土上加泥,清水染色,当下怎么转身? 需要我们回光返照,一念契入。怎么一念契入啊? 南山起云,北山下雨啊。所谓南山起云呢,点滴不湿。我们如果在南山的时候,感受到了有点滴的雨吗? 点滴不湿这就是体来啊。北山下雨呢? 就是有去,体来相去,这就是相。雨下下来的时候,刀砍不入,没有缝隙,不来不去,不增不减,真正的一合相不可得啊。它的妙用在于没有缝隙,不来不去,事出常情,意在言外,即相即离。你如果光是看到了北山下雨,看不到南山起云,那我们就是只知相而不知体,又不知其妙用,如何证得空性呢?

古人讲三千里外没交涉,七花八裂。比方说,我们是白天,美国是晚上,我们有没有交涉,有没有交集啊? 七花八裂,七上八下,当我们看一朵花的时候,你是什么时候看的? 是在哪个地方看的? 看花的时空点落在哪个点上? 如果你心在内,则看不到花。如果你心在外,从内则应完全感受不到。如果你心在花上,人在哪里? 如果心在眼中,花又在哪里? 我们知道花在科学家眼里是一种光波,外面的光波和我们眼里的光波产生共振,这是物理现象,那么是我们的肉眼还是我们的心识,在分别在分析的呢? 还是在生灭法里有交涉呢?

《金刚经》里提到,一合相不可得。没有一个真实的相让我们抓取的。我们看这个相的当下,相已经变了。花不是自己孤立的存在,我们看这个花的时候,是不是有很多的机缘啊? 有我在看,有光,有空间,有花,有花本身是怎么长出来的? 它是与什么场连接,与什么能量通道化合呢? 如果把它的一片叶子放大会怎么样呢?

阳明先生说过,"君未看花时,花与君同寂。君来看花日,花色一时明"。所以,见到这个花,首先要见,那这个"见"是我们意念传导到眼睛产生光波,形成共振还原,要不怎么见花呢? 盲人不用眼看,却能够通过花香感知到花的存在,可见六根是一不是二。就像蜜蜂采花,它能够凭借花朵上的紫外光线顺利还原花的图谱,很多动物借助它自己的尿液气味所产生的紫外光能找到自己的洞穴,划定自己的领域。当然它们的天敌对手也可以凭着这个紫外光,找到它们的洞穴,擒拿他们。所以很多时候搞不清楚,为什么它们隐藏得那么好,怎么就让天敌发现了呢?

眼睛的光波是怎么样感受这个外面花的这个光波呢? 实际上我们大家都知道,光里有七色光谱。彩虹是几色? 七色! 我们人类的意识光谱与自然的七色光谱是相互对应的,时时对应的。所以外面不管是怎样的变化,我们人类都能在观察感受中把它进行对应还原。

那我们都知道,乐谱也是 7 个音符,多来咪发索拉西,细胞的分裂也是 7 秒。声光电,眼睛的光波,是一种"知",因为不是知怎么能见到花呢?因为它通意念。意念知,心知。人说心知肚明。那么知呢?知见知见,你不知不见,那知本身又会是什么样的景象呢?这个知本身是什么呢?我在知外面的花,这个知是不是我在知,那么我知外面的花,这个"知"和"我"是一还是二呢?如果是一,我是怎么知的?里面知的是里面,外面知的是外面,中间知的是中间,都不是知,那知就不存在。我本身也是,里面不是真我,外面不是真我,中间的也不是真我,我是不是也不存在?在当下,我存在,知不存在,外面的花也不存在,花里面不是花,花外面不是花,花中间也不是花,花不存在?所以我们在识别"花、我、识"这三个都不存在的东西,所以一合相不可得。

那么这个观法是怎么观的呢?这是简单初级的,叫析空观,以分析的方法观察世界不真实。所以很多人往往落在这个析空观里出不来。析空观的实质是色不异空,空不异色,色即是空,空即是色,受想行识,亦复如是。析空观我们要进,但不能停留在析空观上面,还要进入到体空观。在生活中来体验现实世界的不真实,身体力行。因为我们的身体也是在无时无刻,秒秒化合,秒秒分离。

接下来,我们还要深入到无量观。

生活中的每一个事都是这样的空性,无量的现象,都是空空组合,空空寂灭,空空如也。

所以没有能观所想,没有能观所观就进入到无作观。

什么叫无作观呢?没有造作,来去无碍,圆融无碍。

从析空观,到体空观,到无量观,到无作观,都从"藏通别圆"四教而来,依教而行,就是观无明,了烦恼,感应道交!

人世当中我们看得到有,甚至以假为真,甚至还在无中生有。这都是在现象里面去执着,都是情见。

话里都有深意,但很多人没有留意,有留意的就会受益。每一句话都要绝剿,当下给情见灭掉,剿杀灭绝我们的情执情量情见,剿杀灭绝我们的生死,剿杀灭绝我们对万法的执着,法尘,这个法尘里面最容易形成所知障,烦恼障。这个无明就是所知障,能障真如根本智啊!这个染心就是烦恼障,水上加色,就是染心,能障世间业自在智。

无所明了,如何破无明啊?破了无明就能入正位啊,就能剿灭法尘,就能不成一法,不住一法,不执一法。六祖说了,若真修道人,不见世间过啊。这个"不见"就是转句啊,转句就是方便。但是我们要清楚,方便不是究竟,方便只是转身契入。

如果我们看到眼前的一切色身,而不见色身,空无一色,这个才是半体。入色即盲,入声即聋。才提起来一半,也就是说,还有向善的一体,也就是妙高峰。不见一人,不成一法。无人相无我相,就能够破烦恼障。无一法就无有所知障啊,就破法执。就像婴儿,婴儿般的纯粹,到这个地方才能做到不计较道理。

那如何入得正位呢?绝意识,绝情量,绝生死,绝法尘,心境一如就好,自心佛见一如就好,就是大妙。祖师大德早就说了,眼睛耳朵每天都有佛光出入,心与佛境是一,好马见鞭影,一瞬就契入,打破了好恶是非相对,走入了绝对的清静心体,绝对的一真法界,叫什么?就进入了绝对的圆满,圆满就无漏无缺啊,到这里无就消失了,所以做方便时说有说无,说有机说无机都对。

就像圆悟禅师讲的一样,开悟了的人,用他的智慧把世间的一切相对相给它绝对化。把真和假绝对化,没有真假。善恶中间绝对化,叫什么? 没有善恶。把是非空有绝对了,没有是非空有。对世间这一点点相对的都不执着,没有常识抓取,这个"我"就已经解体了,四大解体,五阴解体,没有一个我相,没有一个人相,没有一个众生相,还需要去知道什么苦里面有乐吗? 而众生呢? 生灭法里有有无,苦乐两端去执着,却并不知道苦乐是如何来的,所以难以剿绝情识,就难以做到,即相即离,当下顿断。所以我在《人格模式心理学》的序言里面曾经讲到了,"当你把一个问题极端化,你就能看到其中的问题"。

文字与文字间的间隙,往往是真相所在,需要我们用心去印证,感应道交,是一不是二。如果你印到了,那你就能够当下契入。如果你印不到,只要不去头上按头,水中加色,很多时候我们还是能够会心契入,能够做到句下转身,能够进入到无上的智慧,当下顿断,自然也就可以做到"观而不观,不观而观",观无明,了烦恼。

第二节　内观自在,外显圆融

慈悲喜舍是四无量心。慈是心,是天地间循环生息,全然一体的来源和本质,是宇宙秩序运转的动力,也是灵性的来源。

生活中,没有了无明和恐惧,我们就能容纳更多,与他人和世界融通融合。我们越是不带任何评判地去爱自己、接纳自己,我们给出的爱越多,接通宇宙大心的爱会更多地涌出,我们就会得到更多! 力量会更强大! 舍去有形,得到无形,佛陀就是典型! 这样的正循环也是世界上人们能够互利的根本原因。

反之,当人们充满忧怖,不愿正视修正自己的缺失,带着自设的条件去爱他人,很快就会因为对方色衰而爱驰;当他们排斥他人的时候,他们往往是在排斥自己;当他们评判他人,他们就会发现自己有罪,从而就会启动怨愤去责怪他人,就想去惩罚他人,从而使得恶果循环自受,使得自私自利的自己进入负循环!

佛者,心也。众生也。心如虚空,不等于虚空,实则是真空不空。

一个人如果到性空了,眼见似盲,耳听似聋,认为到圣人境界,无为,无住,无我,无事,容易落空了,落到空里面会怎么样呢?空空落落不是真佛性,在真空里面要显现妙有。真空就是我们这颗心,要在生活中显它的用。在生活的这个用上面不可得,生活就是妙有,我们的心境不可得就是真空。刻意求得不可得,自然相应有还无。

你在空里面,空不究竟,因为没有妙用;你在有里面,有不究竟,因为没见空性。当下转身,当下开悟,要不然,我们在动中不能透,在静中不能透,在空中不能透,人生看起来是睁眼闭眼之间,开眼是生活所依止的来源,开眼光明,闭眼无明,开眼睡觉,睁眼说瞎话,你不造天堂业不会升天,你不造地狱业不会下地狱,你现在造什么业,将来就要到这个地方去,吃亏享福的都是你自己。不落于常习,不落于中空和两边,须时时处处透过生活的点点滴滴觉应无常之流,迁变之境。破疑悟空而不着于空,自心无二,自性无碍。

空有无间,自然解脱。

真正明心就是心本来不染尘埃,不染一物,但是它又能照见万物,什么叫"见性"呢?性就是世间一切都是缘起性空,什么叫"性空"?就是一切都是组合的,在组合的基础上一切又都是变化无常,是化合的。我照见了大海,大海起了波浪,波浪又起

了旋涡,这就是性。什么叫性?"空性",为什么是空性? 因为它组合成波浪的时候,这个波浪很快就会消失,成为浪花,然后浪花又归于水,水再又归于浪,又因为因缘不同,变成大浪、小浪。今天这栋房子高楼起,明天那边高楼塌。今天你家这个东西坏了,明天有一个更好的东西来了。看起来同样是一栋房子,里面照样经历成、住、坏、空的过程,而这些成、住、坏、空都在这个心当中照见,但是如果你把心住在照见的这个物上面呢,你的心是不是就瞬间迷失了? 是不是跟着这个二跑了? 是不是跟着这个三跑了? 是不是跟着这个四跑了?

　　什么是"性"? "人性"是性,万物都有性质,什么"质"? "性质性质",也就是它的质量上体现它的组合的性,组合性。为什么是组合性,是因为里面有不同的物质组合,有不同的个性,所谓个性是什么,是"特性",有它的特性,那么各种不同特性组合到一块,它就可能发挥它一定的作用,我们一旦了解到组合起来的东西,是发挥一个特性,然后在这种成、住、坏、空的变化当中归于无常,我们还在那里生起那么多的无明,还在生99、生100、生101,最后在空中楼阁当中忘却了本来! 忘却了原来!忘却了这个缘起性空的这个因缘果!

我们把"体、相、用"对应为"身、心、灵"。有的人把这个修落在身体上,他(她)的心意识是往身上修,练瑜伽,我要我的身体柔软,我要我的身体美妙,我要我的身体漂亮。好了,卖化妆品的来了,美容的来了,美臀的来了,修修补补的来了,身体上,有需求就有市场嘛。世间万相是不是都在心上作用? 然后就出现了各种各样的万千实相、幻相,想象的还没实现的为幻相,想象的已实现了称之为实相,实相也是幻象,因为它终究会成住坏空。当我们把心意识落在身上的时候,我们就会执着,究其实,对身体的修炼是最不究竟的修炼,离物(身体物质)越远,离神(心灵神识)越近。

我们身体生病,首先源于我们的心灵不清净。我们的心意识脏不脏? 心意识如果脏,那我们的灵魂还能干净吗? 衣服脏了洗洗干净了,那我们每天的起心动念,都是利己的,不是利他的,都有我相、人相、众生相、寿者相,怎么落到灵上,怎么有这个灵,要不要洗洗? 当我们修到灵性层面时,身体自然是曼妙,自然是漂亮,自然是好看。

我们所有的世间万相都在心上作用,身体、心相、灵用,我们用好了我们这个灵吗? "一"是什么? 当下世间万物所有的身边的、世间的、外在的都让他们做他们自己,万物都在做自己,我们不要在他们那个自己上面再生二、生三、生四、生五。有我观察,无心感受。无心就是不在这上面头上按头,心上用心。离开了"一",就跑到"三、四"等上面去了。"一"就是他的本来,"二"就像镜子照见一个东西,他很快就消失了,但是我们不认为他消失了,还在上面生出许多妄想、幻想、幻境,还要去抓取,这就离开了"一",跑到二、跑到三、跑到四上面去了,离开了"一",那些二、三、四是不是都是妄想?本体不见了。就像为树浇水,看不到树,却为影子忙,又有什么意义?当你在生二的时候,已经忘却了自己这个"一",你忘却了照见万有,而不是要去抓取万有。世间上所有的人在婚姻当中找二、找三、找四,就是不找"一",就是回归不到"一"元上来。

一切情绪背后的本来是认知,这个认知是我们观察来的认知,还是我们去评判来的认知,还是我们要求来的认知,还是我们塑造来的认知呢?因此,要去还原本来。什么叫还原?我们去感受就好。用什么心去感受?用观察的心。怎么观察?观察他的自然,自然能,观察、感受,然后对应,怎么对应?契入!契入就是信息能量相应。我们在原来的基础上要去检视映射,在本来的基础上要去检视投射,在因缘果的基础上我们要去检视我们的评判,然后才是全然的接纳。最后才是还原本来,这个本来就是"一",才是性,是化合的,许多人都长成大人了,还穿着小时候的衣服折腾自己!拿着99要求1。

为道日损,为什么要损?为什么要损之又损呢?不超越时间空间,不契入无为法,不损去我们的见闻觉知、不损去我们的七情六欲,就是在虚度光阴,以致无为,损之又损,才致无为,所以圣人把大道,自然之道跟我们的赤子之心是相互对应的。

怎么样善护我们的念呢?怎么样做到明心见性呢?要眼观似盲,耳闻似聋,看到了,也没看到,听到了,也没听到,如风过

228

耳,不住。念念无住就会无相,无相就无我执我念,才能真的做到念念无我,无我才能做到念念无心,无我又有我,有我又无我。

六祖之所以能得到五祖衣钵传承,因为他当下就了断,当下就截流,当下就空掉,没什么东西能障碍他,通通空掉,言语道断,心行处灭。他明白所有的一切都是在"一"上面生发出来的,回归到"一",回归到这个能照见万物又不被万物所染污的心上来,就了了无心。心直接达灵,"灵"是什么?灵通啊!怎么"通"?圆通!怎么"圆"?圆融!怎么"融"?阴阳融合。阴阳和合。(灵性也是觉性,也是妙用真心,自己认为是灵性觉性明明了知的,就是妄心,心不能转烦恼为菩提,不能启用,就是错会。)

观之以道。观天之道,执天而行。一阴一阳曰道,阴阳相推曰行。天之道,天心也;天之行,无为也。观天之道在致中,执天之行在致和。观天之道而存其诚,执天之行而自强不息。比如说:天在下雨那是天的事,不要抱怨,不要烦恼,不要想在那里改变。你只有观察到天的自然变化,才会按照天的自然变化去感受他,接下来就是对应,然后你的对应就会有自然反应呈现。

理上清才现智慧,识上明才能禅定。时时当下见体,不被妄想所牵,这就是无我的状态。观察和感受不离大物理,对应和反应不离大化学。天地都在他们各自的轨道上自然反应。我们饿了要睡觉,困了要吃饭,这些都是自然反应。如果你饿了不睡,困了不吃,这就违背了、扭曲了自然反应。反过来,从反应到对应、感受、观察,你违背了自然反应,就扭曲对应关系了,然后你感受到的就不是真实的东西了,那你的观察就不是建立在自然、道的基础之上。因上能见果,果上能归因。要远离断常二见,护念、离念,直至无念,在观察、感受、对应、反应中有层次的修心。

　　如何观察？用心观察,看到事物本来的规律,当下见体,无住真心,析空观,理上清;如何感受？无我感受,感应能量,感受到事物本来背后的能量流,无我静心,体空观,识上明;如何对应？心心相印,如镜子照物,用清净无染的心照见本来,无念无心,净尽契入,无量观,明心;如何反应？自然反应,缘起性空,真如本性,缘熟开悟,无作观,见性。《楞严经》里面说,"随众生心,应所知量,循业发现"。法身如水中现月,有水就有月,有空就有法身,空有相合,随缘相应。

词　　释

一、预期:对一个人,一件事物存在预想的期望,希望这些它能像自己预想的情况出现、发展。预期连接着需要与满足,与周期相互变化对应。预期不断地根据内外在的变化加以调整和实现自我认同和社会认同,从而形成心理舒适区,反之,就会形成一个心理黑洞区,形成内在痛点和外在触点。心理黑洞区,则容易产生父母自我和儿童自我,唯独没有成人自我。一方面是儿童自我在那里隐藏所受的委屈,一方面有个严厉的父母在那里告诫:你要压抑,你要隐忍,经常想象和要求补偿性满足,唯独当下的成人自我迷失了,甚至丧失了。

1. 理想预期:自我或者群体理想化预期的一个阶段性或长期性目标。

2. 现实预期:当下自我的角色预期与自我期望实现的目标相吻合。

3. 周期:自然规律或自我意志下的一个目标运行的时间段。

4. 痛点:痛点在内心,不为人知,但却是记忆的底片,存在于心理黑洞区,发挥着巨大的操控作用。包括笑点、泪点、污点。

5. 触点:触点在外显,一旦触动,就如同触碰了往日的情感底片和自我设定的一些禁忌,引起情绪的波动。

二、投射:把对 A 的感情投放到与 A 某些地方相似的 B 那里去,并自以为是地把他当作我们想象中的那个人。

1. 幸福的重复性满足:爱的被满足感,需求的被满足感,价值的被认同感,当这些都被满足的时候,我们感到幸福,并希望它重复出现。

2. 缺憾的补偿性满足:曾经原来未实现的东西或者经历失去的痛苦,在其他的人或事那里得到补偿或满足。

3. 依恋的替代性满足:当原来的依恋对象消失时,从类似的人那里找到相同的满足感。

三、映射:由于被自我或者外在触动,把记忆中的情感底片调出来。

1. 记忆点:记忆中特别深刻的人或事,通常为污点。

2. 兴趣点:能勾起自己的兴趣爱好的人或事,通常为带笑点的记忆。

3. 敏感点:作为痛点存在,一旦触碰,容易爆发不好的情绪。

四、模板:个体在处理亲密关系、人际关系时,在自己日常的行为当中,无形中沿袭了原生家庭中与父母相处的一种关系处理模式。模板通常由定性、定量、定型三要素组成。

1. 定性:对所有事物性质的判断。

2. 定量:在定性基础之上建立起的对事实发生程度的判断。

3. 定型:对所发生事实进行框架式、约束式的塑造。

五、模式:互利、互害、互生模式,三者之间常常相互转化。

1. 互利模式:善于分界,接受彼此的界限。既不对对方定性,也不对对方定型,乐受与对方的相处空间和协同关系。

2. 互害模式:经常性处于矛盾临界状态。不能相互滋养,专找彼此的痛点,自虐虐他。或彼此制约点消失,走出合理范围,跨界寻找新的融合点,从而导致当下角色错位,互害模式。

3. 互生模式:接受对方,包容性欣赏,相互滋养。

六、单向合理化:自己把一件人、事、物合理化,而没有向他人求证、确认过事情的真相。合理化与理想化同时是一对难兄难弟,总是如影随形。合理化对应的是无理化,合理化的反面就是无理化。在单向合理化过程中,有三种呈现方式:

1. 无知:分为两种,一种是真无知;一种是缺乏独立思考,没有将别人的东西变成自己的东西。因为无知,容易单向合理化。

2. 无奈:在没有办法应对外界的打击和压力的时候,无奈地接受事实,但心里不服。

3. 无求:无所求,心自在。接受,承受,转受,摄受。

七、理想化:对应重置、倒置、安置三个层次。

1. 重置:在理想化的角色里出不来,癔症臆想,导致角色错位。

2. 倒置:因颠倒位置导致了脱离了本体,无法做到角色的恰当定位。

3. 安置:移步换景,心安当下。

八、双向合理化:经过求证确认之后,对事物有了更深刻的认知,从而改变了记忆的方程式,还原了事情的本来,获得心灵的安宁。

九、三个自我:审视化的父母自我,平行化的成人自我,弱势化的儿童自我。

1. 接受:还原本来的样子并接纳它。

2. 难受:让人难过。

3. 乐受:不定性,不定型,欢喜受。

十、标签:情感的记忆库里让你害怕的、恐惧的各种事情。

十一、评判:带有主观感情色彩的判断。

十二、反向塑造:向强者仿同,塑造成自己内心其实并不接纳的形象。

十三、移情:对记忆中某人的感情转移到跟某人类似的人和物身上。

十四、习得:从模板上沿袭下来的习性反应。

十五、对镜与对境:对镜自照,反观反省自己。对境观察,从外在所执取的对象和境界中得到一些情感的共振和人生的感悟。

十六、共振:在情感、认知、情绪等方面与他人达成某种共识。

十七、习性反应:长期以来形成的习惯驱动下做出的反应。

十八、隔离:在情绪产生的时候,不与不好的能量直接面对。

十九、淡化:及时觉察体悟,将负面情绪淡化,从淡化的情感里淡出。

二十、抽离:在负面情绪产生的时候,马上抽身离开不好的能量场,梳理性还原本来。

图书在版编目(CIP)数据

新生家庭与大美人生/陈公著.—合肥:安徽人民出版社,2015.12

ISBN 978－7－212－08553－7

Ⅰ.①新… Ⅱ.①陈… Ⅲ.①家庭社会学—研究—②幸福—研究 Ⅳ.①C913.11②B82

中国版本图书馆 CIP 数据核字(2016)第 008997 号

新生家庭与大美人生

陈公 著

出 版 人:胡正义　　　　　选题策划:刘　哲
责任印制:董　亮　　　　　责任编辑:袁小燕
装帧设计:陈　爽　赵　梁

出版发行:时代出版传媒股份有限公司 http://www.press-mart.com
　　　　　安徽人民出版社 http://www.ahpeople.com
地　　址:合肥市政务文化新区翡翠路 1118 号出版传媒广场八楼
邮　　编:230071
电　　话:0551－63533258　0551－63533292(传真)
制　　版:合肥市中旭制版有限责任公司
印　　制:合肥创新印务有限公司

开本:880×1230　1/32　　印张:7.75　　字数:180 千
版次:2016 年 3 月第 1 版　　2017 年 1 月第 2 次印刷

ISBN 978－7－212－08553－7　　　　定价:35.00 元